경영은 관계다

그래티튜드 경영

경영은 관계다 그래티튜드 경영

지은이	이병구
펴낸이	오세인
펴낸곳	세종서적(주)

주간	정소연
기획·편집	윤혜자 정은미 이진아
디자인	조정윤
마케팅	임종호
경영지원	홍성우

출판등록	1992년 3월 4일 제4-172호
주소	서울시 광진구 천호대로132길 15, 세종 SMS 빌딩 3층
전화	경영지원 (02)778-4179, 마케팅 (02)775-7011
팩스	(02)776-4013
홈페이지	www.sejongbooks.co.kr
네이버 포스트	post.naver.com/sejongbooks
페이스북	www.facebook.com/sejongbooks
원고모집	sejong.edit@gmail.com

초판 1쇄 발행 2015년 12월 30일
8쇄 발행 2022년 12월 10일

ISBN 978-89-8407-536-8 03320

글로벌 히든 챔피언으로 이끄는 **지속 성장의 힘**   이병구 지음

경영은 관계다
그래티튜드 경영

세종

그래티튜드는 사람과 사람 사이에서
맺어지는 최선의 상태,
가장 우호적이고 긍정적이면서 함께
행복을 지향하는 관계라고 할 수 있다.

기업의 힘은 사람이다

많은 기업이 시장에서 살아남기 위해 오늘도 경영전략을 고민하고 있다. 제품의 차별화, 새로운 시장으로의 진입, 보다 성과를 높일 혁신과 창조성 등이 주요 내용이다. 이러한 전략과 전술은 복잡한 경제 수치와 통계, 미래 예측과 결합되어, 때로는 경영자들의 머리를 지끈거리게 만든다. 더불어 이것은 '과학'이라는 말로 포장되기 때문에 결코 포기할 수 없는 것처럼 여겨지기도 한다.

그런데 과연 경영자들은 이러한 '최신 과학적 경영전략'으로 경영 난제들을 얼마나 해결하고 있을까? 안타깝게도 기업은 과거보다 더욱 빠른 속도로 명멸을 거듭하고, 경영자들은 아직도 지속 성장할 수 있는 희망의 불빛만 간절히 바란다.

이 말은 곧 경영자들이 뭔가 놓치고 있다는 사실을 반증한다. '최신'과 '과학'이라는 말에 갇혀 표면을 보면서도 그 배후에 있는 본질은 잊고 있으며, 결과를 보지만 그 결과를 만들어내는 진정한 힘을 간과하고 있다는 이야기이다.

나는 기업을 성장시키는 가장 본질적인 힘을 '사람과 사람 사이의 관계'라고 확신한다. 그것은 과학이라고 하기엔 본성의 문제에 가깝고, 최신이라고 하기엔 너무 오래된 내용이다. 그렇지만 이 관계의 문제는 생각보다 많은 경영상의 난제를 해결해준다. 이 방법은 실제 비즈니스 현장에서 테스트되었고, 그것이 가지고 있는 힘 또한 증명되고 있다. 그 관계의 힘을 활용한 네패스의 경영은 25년 전 홀로 창업해 현재 직원 2,000명의 글로벌 중견기업으로 일궈낸 에너지의 진정한 원천이 되고 있다.

나는 이 에너지의 원천을 '그래티튜드(Gratitude)'라고 부른다. 사전적 의미로는 '고마움, 감사하는 마음'을 뜻한다. 그런데 이것이 경영의 한 전략으로 차용되면, 그 의미는 좀 더 광범위하게 확장되고 심층적으로 재정의된다. 그래티튜드는 사람과 사람 사이에서 맺어지는 최선의 상태, 가장 우호적이고 긍정적이면서 함께 행복을 지향하는 관계라고 할 수 있다. 여기에는 상대방을 소중히 여기는 것, 그래서 존중하고 감사하고 아낌없이 칭찬하는 행위 등이 모두 포함되어 있다.

결국 그래티튜드가 지향하는 바는 '정서적이고 현실적인 면에서 최고의 관계를 만들어내려는 상호 간의 노력'이라고 할 수 있다. 이것은 그저 누군가에게 도움을 받은 후 고맙다고 느끼는 순간적인 감정과는 비교할 수도 없다. 그것은 기브 앤 테이크(give & take) 과정에서 생겨나는 이익에 대한 감사에 불과하기 때문이다. 그래티튜드가 기업의 경영에 적용되기 시작하면, 기업은 커다란 발전 동력을 얻는 것이나 다름없다. 그것은 고갈되지 않는 성장 에너지이며 세월이 흘러도 결코 퇴색되지 않는 지속 성장의 배경이 되어준다.

경기 불황이나 빠르게 변화하는 시대적 흐름은 그저 외부적인 조건에 불과하다. 그것은 수백 년 동안 변화해왔으며, 앞으로도 계속 변화할 것이다. 그렇지만 사람, 그리고 그 사람들 사이의 관계는 기업의 알파이자 오메가이다. 알파가 시초라면 오메가는 완벽한 마무리이다. 사람이 없으면 기업도 없기에, 곧 사람이 모든 것이다. 이제 경영자들이 경영 불변의 법칙, 사람과 사람이 만드는 최상의 관계를 통해 혁신과 창조를 만들어나가는 경영을 새롭게 바라봐주었으면 한다.

이병구

차례

지속 성장을 가능케 하는
7가지 솔루션

지속 성장의 힘은
내부에 있다

모든 경영자의 간절한 꿈은 단 하나, '지속 성장(continuous growth)'으로 수렴된다. 자신의 기업이 지칠 줄 모르는 힘을 가지고 매년 상승곡선을 그리는 모습은 그 자체로 희망일뿐더러, 이제껏 경영자로서 경험해왔던 수많은 좌절과 애환마저 성공을 위한 거침없는 여정으로 탈바꿈시킨다. 그래서 지속 성장은 기업인들의 '로망'이기도 하다.

하지만 적지 않은 경영자들이 이러한 희망과 로망이 이루어지지 않는 이유를 변화하는 환경 탓으로 여긴다. 또한 경영자 개인의 힘만으로는 통제하기 힘들기 때문에 '사업이 어렵다'는 말을 입에 달고 사는 경우도 많다. 그러나 조금만 생각해보면 이것이 큰 오류를 가지고 있음을 알 수 있다.

인류의 역사에서 '비즈니스'가 탄생했을 때부터 그것은 늘 변화하는 환경과 공생해왔다. 사업은 그 자체로 시장의 수요와 공급을 둘러싼 생물학적 존재인 만큼, 환경의 변화와 태생적으로 함께하고 있다. '외부 환경으로부터 안정적으로 보호하는 사업'이라는 개념은 애초에 상상 속의 허구일 뿐이다.

또한 변화하는 환경으로 인해 사업이 어렵다는 점도 쉽게 이해될 수 있는 부분이 아니다. 세계 경제는 수많은 부침을 겪어왔지만, 전체적인 관점에서 바라보면 그것은 미풍에 불과하다. 경제가 호황일 때도 망하는 회사는 있고, 경제가 어려울 때도 승승장구하는 회사는 있기 마련이다. 또한 현재 잘나가는 기업들 중에서 불황의 혹한을 뚫고 성장한 기업도 매우 많다. 결국 '지속 성장의 힘'은 외부에서 주어지는 것이 아니라, 기업의 내부에서 찾아야 한다. 거친 바람에도 꺾이지 않는 갈대가 있다면, 결국 그 갈대가 바람보다 강하기 때문이다.

여기서 제시하고자 하는 지속 성장 솔루션은 경영자로서의 나, 혹은 중견기업 네패스의 입장에서 쓴 것이 아니다. 아직 그렇게 말하기에도 이르고 미성숙한 면이 많다는 점을 고백하지 않을 수 없다. 다만 사업을 이끌어오는 25년 동안 고민과 불안 속에서 어떻게 하면 보다 안정적인 지속 성장을 할까 고민해왔으니, 이제 그 결과물을 나누고

자 할 뿐이다. 그리고 이를 통해 대한민국 중견·중소 기업들이 예전
보다 색다른 성장 동력을 얻기를 바랄 뿐이다.

솔루션 1
혁신과 창조를 완성시키는 '목적의 힘'이 있는가

특정한 기업이 지속적인 성장을 하고 있다면, 그것은 바로 해당 기업
이 혁신과 창조를 잘 수행하고 있다는 의미일 것이다. 이 혁신과 창조
라는 말은 경영자들이 지겹게 들었고, 또한 직원들에게 무던히 강조
했을 것이다. 그럼에도 불구하고 혁신과 창조를 다시 언급할 수밖에
없는 것은, 그것이 바로 시간적으로는 과거-현재-미래를 한 손에 부
여잡고 기업의 운명을 가르는 결정적인 무기이기 때문이다.

혁신이란 과거에 해왔던 것을 현재 뒤바꾸는 것이며, 창조란 미래
에 있는 가치를 바로 오늘 만들어내는 것을 의미한다. 즉 과거와 현
재, 그리고 미래가 한 군데 모이는 유일한 기업 활동이 바로 '혁신과
창조'라는 의미이다. 기업의 생명이 결국에는 고객에게 얼마나 빠르
고 효율적으로 새로운 가치를 제공하느냐 하는 점에 의해 좌우된다고
봤을 때, 현재를 기점으로 미래적 가치를 앞당기는 혁신과 창조는 아

무리 강조해도 그 빛이 바래지 않는 근원적 힘일 수밖에 없다. 더불어 혁신과 창조를 해내는 기업만이 '지속 성장'이라는 달콤한 열매를 얻게 되는 것이다.

기업에서 하는 대부분의 혁신과 창조는 사실 초기에는 잘 진행된다. 제품의 질을 개선하고, 새로운 고객을 찾아나서며, 과거의 경영 관행에서 벗어나 새로운 시도를 하는 것 등이 모두 그렇다. 의욕적으로 시작해 힘차게 진행하지만, 문제는 그것이 마지막 완성 단계에서 번번이 좌초되는 경우가 많다는 점이다. '시작이 반이다'라고 말하지만, 반만 되었다는 것은 결국 하나도 되지 않았다는 뜻이다. 마지막 100퍼센트라는 반환점을 돌지 않는 이상, 이제까지 쌓아온 모든 것이 물거품에 불과할 뿐이다. 따라서 경영자들에게 정말로 필요한 것은 마지막 2~3퍼센트를 채워내는 '궁극의 힘'이다. 이것을 가진 경영자와 회사는 혁신과 창조로 지속 성장을 이뤄내고, 이것이 이뤄지지 못하면 결국 조그만 환경의 변화에도 좌초하고 실패하는 허약한 기업이 될 뿐이다.

바닷물 중에 포함된 3퍼센트의 염분이 바닷물의 본질을 지킬 수 있게 하는 것처럼, 본질을 결정하는 것은 양이 아니라 극히 적은 핵심적인 역량이며, 이는 기업의 경영에서도 동일하게 적용된다. 혁신과 창조를 위해 무수한 도전을 해보았지만, 결국 안타까움을 남긴 것은 바로 이러한 '마지막 3퍼센트의 힘'이 부족했기 때문이다.

예를 들어보자. 아직 진로가 결정되지 않은 학생이 자신의 인생을 훌륭하게 만들어가는 데 가장 필요로 하는 것은 무엇일까? 공부를 잘하는 것도 필요하고, 책을 통해 삶의 지혜를 깨닫는 것도 중요하다. 그러나 그 모든 것을 압도하는 최상위의 것은 바로 인생의 목적을 어디에 두느냐일 것이다.

이것은 개별적인 직업을 선택하는 것보다 훨씬 강렬한 에너지를 가지고 삶을 추진시킨다. '나는 의사가 될 거야'라는 선언보다 더 중요한 것은 내가 왜 의사가 되려고 하는지, 그 직업이 나에게 어떤 기쁨과 보람을 주는지, 그리고 그것을 통해서 나는 어떤 사람이 되고 싶은지 등을 깨닫는 일이다. 성찰을 통해 이러한 인생의 목적을 확고히 한 학생과 그저 돈을 많이 벌고 싶어서, 혹은 사회적 명예 때문에 의사라는 직업을 선택하는 학생은 그 출발점부터 확연히 다를 수밖에 없다.

전자는 생각과 마음이 견고해 어려움이 닥쳐도 한걸음씩 전진해나가고, 자신의 삶을 100퍼센트로 만들기 위해 노력을 멈추지 않는다. 그러나 후자는 전진하기는 해도 여러 가지 어려움에 갈등과 스트레스를 받을 수밖에 없다. 의사로서의 삶보다는 돈과 명예만을 위한 삶을 추구하기 때문에 의사라는 직업에 소홀할 수밖에 없는 것이다.

더욱 큰 문제는 이것이 각각 선순환과 악순환을 만들어낸다는 점이
다. 훌륭한 의사가 되기 위해 50퍼센트의 노력을 쏟아붓지 않는 사람
은 현실에서 돈과 명예를 100퍼센트 얻어낼 수 없다. 반대로 돈과 명
예에는 큰 관심 없어도 의사로서 삶을 100퍼센트 이뤄내면, 부가적인
것이 자연스럽게 따라온다. 결국 나중에 누가 의사라는 직업을 더 훌
륭하게 수행해낼지는 뻔하다.

　개인의 경우 '꿈'이 삶의 과정을 좌지우지한다면, 기업의 경우에는
'미션'이 경영의 전 과정을 압도한다. '어떠한 기업이 되겠다'는 미션
이 없는 기업은 '나는 커서 무엇이 되겠다'는 꿈도 없이 그저 하루하루
바쁘게 보내는 학생의 모습과 별반 다를 게 없다. 무엇인가를 계속하
고, 정신없이 달려나가는 것 같지만, 도대체 무엇을 위해 달려가는지,
그것을 통해 무엇을 얻을 수 있는지에 대한 성찰이 전혀 없는 상태이
다. 이런 기업이 건강한 경영을 통해 혁신과 창조를 완성시키는 마지
막 3퍼센트라는 궁극의 힘을 얻기는 거의 불가능할 것이다.

　여기서 경영자들이 한 가지 더 명확하게 구분해야 하는 것은 바로
'미션과 비전'을 혼동하면 안 된다는 점이다. 실제 '비전 경영'이라는
말이 있을 정도로 경영에서는 기업의 비전이 중요하고 또 반드시 있
어야 하지만, 그것은 미션과 합(合)을 이룰 때에만 진짜 힘을 발휘할

수 있다. 미션이 '궁극적인 목적'이라면 비전은 '단기적인 목표'라고 볼 수 있다. 미션을 이뤄나가기 위한 매 단계의 목표로서 필요한 것이 바로 이 비전이다. 따라서 비전은 시대마다, 시기마다 얼마든지 달라질 수 있고, 또 변화에 맞춰 달라져야만 한다. 하지만 궁극적인 꿈이라고 할 수 있는 미션은 매번 달라질 수 없다. 어느 날은 의사가 꿈이었던 학생이, 어느 날은 음악가가 되는 꿈을 꾼다면 어떻게 될까. 기업에 이런 일이 생긴다면 균열하는 결과를 가져올 뿐이다.

이런 명확한 목적을 설정하는 것은 곧 집을 지을 때 정확한 설계도를 갖고 있는 것과 동일하다. 집을 짓는 일은 수많은 분야의 전문가들이 협력해서 최종 결과물을 만들어나가는 것이다. 자재도 준비해야 하고 미장, 바닥, 보일러, 전기 등 여러 분야에서 동시에 일이 진행된다. 그런데 집을 지을 설계도가 대충 그려져 있거나 어느 한쪽 부분만 그려져 있다면 어떤 결과가 나올까? 이렇게 되면 설사 작업이 진행된다고 하더라도 공기를 제대로 맞추지 못하는 것은 물론, 재작업을 해야 하는 경우도 생기게 된다. 이처럼 제대로 된 설계도 한 장 없이 집을 짓는 것은 매우 위험한 일이듯, 미션이 없는 기업을 경영하는 것은 그 자체로 리스크가 아닐 수 없다.

따라서 경영자가 앞으로 펼쳐질 저성장 시대에 무엇보다 관심을 기울이며 재정립해야 할 것은 바로 기업의 미션을 정하는 것이다. 기업이 어떻게 탄생했는지, 그동안 어떤 일을 해왔는지를 기반으로 마지막까지 품고 갈 미션에 대해 끊임없이 반추하며 가슴에 새기고 직원들과 공유해야 한다. 이러한 성찰과 의지 및 단호한 추진력이 없다면, 혁신과 창조는 공허한 문구에 불과할 뿐이다.

솔루션 2
직원의 '꿈'과 회사의 '미션'이 일치하는가

직원들을 일 잘하는 품성으로 만드는 것은 매우 중요한 일이지만, 그전에 한 가지 선결되어야 할 과제가 있다. 그것은 바로 현재 회사와 함께하는 인재가 회사의 미션과 동일한 방향을 추구하고 있느냐 하는 점이다.

경영자가 직원을 채용하는 것은 새로운 가족을 들이는 것과 마찬가지이다. 가족이 가진 목표가 서로 다르고 가치관이 상이하며 스타일도 제각각이라면 어떤 결과가 발생할까? 그렇게 되면 그저 한 공간을 점유하는 공동 생활자일 뿐 진정한 의미의 가족이라고 하기 힘들 것이다. 가족 간의 정과 사랑, 배려와 따뜻함이 사라진 공간에서는 그 어떤 행복감도 느낄 수 없기 때문이다.

회사의 가족이라고 할 수 있는 직원들도 마찬가지이다. 많은 미국의 기업들도 인재를 채용하거나 그 인재와 계속 일할 것인지 아닌지 판단할 때 회사와 동일한 미션을 가지고 있는가를 중점적으로 본다. 여기에서 직원이 얼마나 뛰어난 능력을 가지고 있느냐, 혹은 그가 얼마나 좋은 학벌을 지니고 있느냐는 2차적인 문제로 밀려난다. 미션을 공유하지 못하면 그것은 가족이 아니다. 경영자와 직원은 한 몸이 되지 않으면 안 된다. 이것이 바로 '합세(合勢), 즉 세력을 규합하고 힘을 합쳐 경쟁을 돌파해나가는 일이다. 그런데 서로 다른 미션을 가지고, 서로 다른 곳을 바라보는 상황에서는 합세가 될 리 만무하다. 그렇게 되면 회사의 경쟁력 또한 떨어질 수밖에 없다.

만약 회사에서 불가피하게 직원을 내보내야 한다면, 바로 이처럼 서로의 미션이 맞지 않는 직원을 최우선으로 삼아야 한다. 개인에게는 안타까운 일이 아닐 수 없겠지만, 사실 그 직원을 위해서도 자신의 미션과 맞는 회사에서 일하는 것이 더 좋다.

사실 노사분규라는 것도 회사와 직원들의 미션이 일체화되지 않아서 생기는 측면이 있다. 경영자와 직원들의 미션이 일치할 경우에는 복지 문제나 채용 문제 등을 분규를 통해 해결하기보다는 서로를 받아들이고 배려하는 방식으로 해결해나갈 수 있다. 경영자는 직원들의 꿈을 회사의 미션으로 반영하면서 함께 어깨동무하고, 직원들은 회사의 미션을 마치 자신의 일처럼 체화시키면 갈등과 분규는 상당히 줄어들 수밖에 없기 때문이다.

결국 이러한 미션의 일체화는 회사 내부에 존재할 수 있는 갈등 구조를 원천적으로 제거하는 역할을 한다. 이는 추진력을 발휘하는 데 내부의 브레이크를 해체하는 일이다. 따라서 보다 쉽고 빠르게 지속 성장의 길로 들어설 수 있는 지름길이 되어줄 것이다.

솔루션 3
직원들이 일을 잘할 수 있는 '품성'을 갖추었는가

기업이 명확한 미션을 가지고 있다면, 이제 그 방향이 제대로 설정되었다고 할 수 있다. 하지만 방향만 설정되었다고 그곳을 향해 달려갈 수 있는 추진력까지 저절로 생기는 것은 아니다. 기업이 이를 갖추기 위해서는 두 가지가 선결되어야 한다. 하나는 ▲직원들이 일을 잘할 수 있도록 품성을 길러주는 것이고, 다른 하나는 ▲그 품성을 최대한 발휘할 수 있는 협업의 기업문화를 만들어주는 것이다.

경영자들은 '일과 품성'을 별개로 생각할지 모른다. 하지만 결론적으로 봤을 때 일의 성과는 곧 품성에서 탄생한다. 직원들의 품성이 성실하지 못하거나, 누군가를 속이려고 하거나, 타인의 희생을 짓밟고 자신을 돋보이게 하려는 경향이 있다면, 결국 조직의 힘은 사상누각이 될 수밖에 없다. 아무리 뛰어난 발군의 실력을 가지고 있어도 결국 품성이 뒷받침되지 않으면 그 직원은 오히려 회사에 해를 끼치는 존재로 전락할 수도 있다.

따라서 구성원 각자의 품성을 최대한 끌어올리기 위한 노력이 필요하다. 이것이 바로 이 책에서 말하는 '그래티튜드 경영'의 일환인 감사하는 생활이다. 누군가에게 감사하는 마음을 가지기 시작하면 욕심이 사라지고, 올바른 자세와 태도를 유지할 수 있으며, 끝까지 일에 대해 책임지려는 마음 자세가 만들어지기 시작한다. 이는 일하는 사람이 가질 수 있는 최고이자 최선의 자세라고 해도 과언이 아니다.

솔루션 4
협업할 수 있는 '기업문화'가 존재하는가

직원이 올바른 품성을 갖추고 있고 회사의 미션과 일치한다면, 그다음에는 구성원 개개인이 서로 협력할 수 있는 분위기, 즉 상호 협조적인 기업문화를 안착시켜야 한다. 이는 단순히 '협력을 해야 일을 잘한다'는 의미의 팀워크를 강조하는 것이 아니다. 이것이 이 시대가 요구하는 절체절명의 과제이기 때문이다.

우리 시대 시장의 최대 특징적 경향은 바로 '불확실성'으로 요약할 수 있다. 소비자의 변화가 빠르고 경제 상황은 불안할 뿐만 아니라 복잡하기까지 하다. 그래서 이제는 과거처럼 뭔가를 계획하고 그것을 차분히 실천하는 것만으로는 도저히 높은 성과를 창출할 수 없다. 실제 산업 현장에서도 이러한 상황이 반영되어 있다.

B2B의 경우, 과거에는 고객이 물량을 준비해달라고 하면 전적으로 그 말을 믿으면 충분했다. 상황이 변할 리 없었기 때문이다. 하지만 지금은 상황이 완전히 달라졌다. 고객사에서 오더를 내리는 그 순간부터 실제 작업에 들어가기까지의 길지 않은 시간에도 상황이 어떻게 달라질지 모르기 때문이다. 결국 이러한 상황에서는 리더가 모든 것을 결정하고, 팀장이나 부장급이 상황을 파악하고 이에 적절히 대처한다는 것 자체가 무용한 이야기가 되어버린다. 이제 경영자와 직원이, 직원과 직원이 서로 머리를 맞대고 함께 공동 대응하지 않으면 안 되는 시대가 되어버렸다. 따라서 기업 내에서 서로가 협력한다는 것은 곧 불확실한 상황을 타개해나갈 수 있는 유력한 방법이 되고 있다.

그뿐만 아니라 협업은 기업에서 진행되는 모든 일의 속도를 높이는 역할을 한다. 예를 들어 당신이 타 부서에 일을 요청했는데, 해당 부서에서 재빨리 처리해주지 않으면 어떻게 될까? 당연히 일이 진행되지 않고, 따라서 회사 전체의 업무 속도가 저하된다. 몇 개 팀만 이런 협업의 답보 상태에 있더라도 회사 전체의 경쟁력이 떨어질 수밖에 없다는 이야기이다.

따라서 이러한 협업 분위기를 만들어내는 것은 경영자가 최대한 역점을 두고 매일매일 진행해야 할 사항이다. 최소한 내부 직원들끼리만이라도 협업이 제대로 이루어진다면 회사는 보이지 않던 잠재력을 끌어낼 수 있는 충분한 조건을 갖추는 것이다. 이것은 외부의 추가적인 자본이나 인력 투입 없이도 지속 성장의 길로 들어서는 발판이 되어준다.

솔루션 5
기업문화가 '동사(動詞)화'되어 있는가

기업문화란 아무리 공고하다고 하더라도 눈에 보이지 않는다. 이 말은 곧 그것이 정확하게 업무에 반영되지 않는 이상 박제화될 가능성이 높다는 의미이다. 만약 측정이 가능하고 눈에 보이는 것이라면 그것이 업무에 적용되는 프로세스도 보다 쉽게 도출해낼 수 있을 것이다. 하지만 각자의 마음속에 있는 태도와 자세, 관계와 일에 대한 접근 태도라는 보이지 않는 기업문화를 측정하는 것은 쉬운 일이 아니다.

그렇다면 그것이 형태는 있지만 업무에는 적용되지 않을 가능성이 무척 높다고 할 수 있다. 특히 몇 번의 교육이나 강연 등으로 억지로 기업문화를 만들어내려고 하는 경우에는 더욱 그렇다. 따라서 앞에서 언급했던 협업 분위기 등을 '동사화'시키는 일이 무척 중요하다. 즉 문화가 문화에서 그치지 않고 세세한 업무 과정으로 투입되어 살아 움직일 수 있도록 만드는 것이 관건이다. 예를 들어 아침에 직원들에게 긍정적인 마음 자세를 가지라고 일방적으로 주문하는 것보다는 그렇게 할 수 있도록 함께 노래 부르는 시간을 가지는 것이다. 실제로 네패스는 이러한 일을 실천해 업무의 생산성이 혁신적으로 높아진 경험을 했다. 회사의 문화가 실제 업무에 영향을 미친 것이다.

인사 평가 역시 마찬가지이다. 협업의 문화를 중요하게 생각한다면 그 협업 자체를 인사 평가에 반영해야 한다. 우리 회사에서 하고 있는 CoP 인사평가제도가 바로 이와 같은 것이다.

특정 집단에 속한 사람들은 반드시 그 특정 문화에 영향을 받게 되어 있다. 기업문화가 중요한 것은 바로 이러한 이유 때문이다. 이 말은 곧 특정 문화가 잘 형성되어 있고 그것이 업무에 영향을 미칠 수 있도록 잘 설계할 수 있다면, 더불어 회사의 경쟁력도 급격하게 높아질 수 있다는 뜻이다.

그런데 이러한 문화의 형성에서 무엇보다 중요한 것은 어느 정도 시간이 걸리고, 무수히 반복되어야만 정착된다는 점이다. 이는 한 개인의 습관이 형성되는 것만 봐도 알 수 있다. 새로운 습관을 정착시키기 위해서는 상당히 고통스러운 과정이 따른다. 과거의 습관이 이를 방해하고, 편해지고 싶은 마음이 변화를 거부한다. 그러나 이것을 이겨내는 것이 바로 꾸준함의 힘이며, 반복의 힘이기도 하다.

일단 특정한 기업문화가 형성되기를 원한다면 몇 번의 시도로 그 문화가 정착되기를 바라는 급한 마음부터 배제하고 시간을 들여 문화를 정착시키겠다는 노력이 필요하다. 그러나 한번 정착된 습관이 인생을 바꿀 수 있듯이, 한번 잘 형성된 기업문화는 기업의 성장 판도를 바꾸는 큰 에너지가 될 것이다.

솔루션 6
'가치사슬'의 균형을 유지하고 있는가

경영자가 통섭적인 관점에서 회사 경영을 전체적으로 조망하려면 하나의 관점이 필요하다. 일반적으로 대부분의 경영자들은 회사를 '매출-자본 투여' 구조로 바라본다. 즉 투여되는 것과 산출되는 것 사이에서 이익이 발생하고, 그것이 곧 경영자의 성과라고 인식한다. 그러나 이렇게 바라보는 것은 지나치게 단기적이고 협소한 관점에 불과하다. 물론 그렇다고 이 관점이 틀렸다는 것은 아니다. 분명 이것이 모든 비즈니스의 근원이 되기는 하지만, 이러한 관점에만 머물러 있으면 더 높은 단계의 경영을 도입하기 힘들다.

이것은 흡사 우리가 살아가는 인생을 '생존의 공간'으로만 바라보는 것과 비슷하다. 인간은 생존도 해야 하지만, 거기에서 멈추면 안 된다. 수준 높은 교양의 세계, 예술과 철학과 인문학의 세계도 함께 갖추어야 한다. 어떻게 사느냐는 각자의 선택이지만, 결과적으로는 수준의 차이, 관점의 차이이다. 더욱 성숙한 인간의 삶을 영위하는 것에는 큰 차이가 날 수밖에 없다.

경영을 바라보는 또 하나의 관점은 그것을 '가치의 사슬'로 파악하는 일이다. 사실 외부로 드러나는 모든 경영은 내부적으로 하나의 긴밀한 사슬이 가치를 중심으로 엮여 있다. 그것은 바로 '고객 가치-부가가치-존재 가치'라는 것이다. 이 세 가지가 어떻게 조화롭고 균형 있게 무게중심을 잡느냐 하는 문제는 보다 수준 높고 지속 가능한 경영을 가능케 하는 관건이라고 할 수 있다.

'고객 가치-부가가치-존재 가치'는 그 가치의 담당에 따라 '고객 가치(고객)-부가가치(회사)-존재 가치(직원)'로 표현할 수 있다. 기업은 고객에게 고객 가치를 줌으로써 스스로 부가가치를 얻게 되고, 이 과정에서 직원들은 자신들의 삶의 의미가 되는 존재 가치를 얻게 되는 것이다. 특히 직원들이 느끼는 삶의 존재 가치는 회사 구성원들이 감정적으로 가지게 되는 아주 중요한 힘이다. 우선 고용 창출 자체가 직원들에게 삶의 가치를 전해주고, 계속해서 일을 해나감으로써 인생의 가치까지 찾을 수 있도록 도와준다.

문제는 이러한 세 가지 가치의 사슬이 가지고 있는 균형이 깨지면 지속 성장의 발판도 무너진다는 점이다. 예를 들어 고객 가치에만 집중하면 직원의 존재 가치가 훼손될 수 있고, 부가가치에만 집중하면 고객 가치가 떨어질 수 있다. 이처럼 하나의 가치만 강조되고 또 다른 가치가 희생되면 구멍 난 배가 바다 위에 떠 있는 것과 크게 다르지 않다.

이러한 가치사슬이 균형적으로 유지되려면 생각과 마음만으로는 부족하다. 비록 눈에 보이지 않는 가치의 형태라고 하더라도 실질적인 투자가 있어야만 균형적으로 강화될 수 있기 때문이다.

네패스는 회사가 얻는 수익을 적절하게 재분배함으로써 이러한 토대를 마련하고 있다. 직원 : 주주 : 재투자를 위한 회사 유보를 각각 3 : 3 : 4의 비율로 유지하고 있다. 이렇게 실질적인 배분이 이루어지면 어느 한쪽의 가치에 편중되지 않는 균형적인 상태를 만들 수 있다. 또한 이것은, 경영자가 '모든 가치를 비중 있게 다루고자 하는 마음'을 유지할 수 있도록 도와준다.

솔루션 7
지금 직원들에게 무엇이 '인풋(input)'되고 있는가

경영자는 또한 현재 직원들에게 무엇이 인풋되고 있는지 늘 살펴야만 한다. 즉 구성원들이 회사에서 항상 좋은 것을 생각하고 긍정적인 마음을 느끼고 받아들이는지, 혹은 그렇지 못한 것들이 있는지 알아채야 한다. '콩 심은 데 콩 나고 팥 심은 데 팥 난다'는 말은 영원히 변치 않는 진리이다. 이는 '인풋과 아웃풋의 원리'를 정확하게 설명해준다.

직원들의 인풋 중에서 최고로 부정적인 것은 바로 욕과 거친 말들이다. '말 한마디가 천 냥 빚을 갚는다'는 말은 곧 그 말 한마디가 천 냥 빚을 지게 만들 수도 있다는 이야기이다. 그만큼 말이 가진 힘은 강하다. 만약 사무실과 작업 현장에서 욕설이 난무하고 거친 이야기들이 지속적으로 오가면 구성원들은 그것의 영향을 받아 결국 부정적인 아웃풋을 가져오게 된다. 네패스에서는 그 어떤 상황에서든 욕설을 하면 경고를 거쳐, 최악의 경우 퇴사까지 이를 수 있다. 학교도 아닌 성인들이 일하는 직장에서 욕 한마디 했다고 그렇게까지 극단적인 조치를 취할 수 있느냐고 반문할 수도 있다. 그러나 이는 직원들 개개인 간의 문제가 아니라 회사 전체의 문화와 관련된 일이기 때문이다.

직원에게 욕설을 퍼붓는 것은 곧 그 직원들의 구성체인 회사에 욕설을 퍼붓는 것과 마찬가지이고, 이는 부정적인 아웃풋을 양산할 따름이다. 그러나 반대로 생각하면 이 말은 곧 긍정적인 인풋은 긍정적인 아웃풋을 가져온다는 말과 같다. 그리고 여기에는 일종의 파급 효과가 있어서, 좋은 것 하나를 인풋하면 30배, 60배, 100배까지 좋은 결과가 아웃풋된다. 지금 자녀가 얼마나 건강한지 알고 싶으면, 자녀가 평소에 무엇을 먹는지 알아보면 된다. 마찬가지로 직원들이 늘 무엇을 듣고 보는지 관찰하면 미래의 성장 가능성까지 예측해낼 수 있다.

우리 사회가 저성장 시대에 돌입했다는 말에 휘둘려서는 안 된다. 그것은 그저 평균적인 성장률이 낮을 뿐이지, 개개의 기업 전체가 도저히 성장할 수 없다는 의미는 결코 아니기 때문이다. 경영자의 숙명은 환경을 이기는 것이다. 환경에 쉽게 굴복하는 경영자는 애초에 경영자로서의 자질이 부족하다.

고성장 시대에는 활용할 수 있는 자원이 풍부하다. 자본을 더 투여해도 되고, 인력을 더 뽑으면 뽑을수록 생산성이 높아진다. 하지만 저성장 시대에는 동력을 내부에서 찾아야 한다. 그것이 기업 경영의 핵심이자 본질이기도 하다. 지금과 같은 어려운 시기에도 성장할 수 있는 최선의 방법을 찾고 그것을 기업에 적용할 수 있다면, 앞으로 닥칠 어떠한 상황도 즐기면서 극복해나갈 수 있을 것이다.

답은 이미 기업 내부에 있다. 경영자가 할 일은 그 내부의 힘을 탐구하고, 끌어내고, 적용시키는 것이다.

PART 1

저성장 시대의 마지막 핵심 자본: 감사

경영자들이 미처 깨닫지
못했던 감사 경영

경영자가 장기적이고 확실한 경영을 하기 위해 가장 필요한 것은 '경영을 이끄는 것은 무엇인가'에 대한 근원적인 통찰이다. 이러한 근원적인 통찰이 밑받침되지 않으면 마치 지도가 없이 바다 위에서 표류하는 배와 다를 바가 없다. 그런 면에서 봤을 때 그동안 '감사'라는 것이 경영의 다양한 법칙에 전면적으로 결합된 경우는 별로 없었다. 다소 부가적인 가치, 혹은 '있으면 좋은 가치'일 수는 있지만 감사가 경영의 주된 이슈가 되지는 못했다는 이야기이다. 그러나 감사가 가지고 있는 힘은 생각보다 강하고, 그것이 미치는 파급력은 깊고 넓다. 그래서 감사는 경영을 이끌어가는 근원적인 원리라고 할 수 있다.

무엇을 위해 회사를 경영하는가

"오늘날 세계에는 이윤보다 한 차원 높은
목적의식을 가진 기업이 매우 필요하다."

라탄 타타(Ratan Naval Tata, 인도 타타그룹 전 CEO,
『포브스』 선정 2008년 세계에서 가장 존경받는 비즈니스 리더)

기업의 활동 목표가 '이윤'이라고 말하는 것은, 우리 삶의 목표가 그
저 '생존'이라고 말하는 것과 크게 다르지 않다. 그것은 우리의 삶을
지나치게 격하시키는 것이나 마찬가지다. 그저 살아서 숨 쉬고 밥 먹
고 잠자는 것은 결코 삶의 목표가 될 수 없다. 그것은 최소한의 필요
조건일 뿐, 결코 충분조건은 될 수 없기 때문이다. 기업도 이와 마찬
가지이다. 이윤은 기업 활동의 필요조건일 뿐, 오직 그것만이 목표가
되어서는 안 된다. 이것은 단지 기업에 부과하는 추상적인 담론이 아
니다. 지속 성장하는 기업과 그렇지 않은 기업의 차이, 건강한 생태계
를 구축한 기업과 그렇지 않은 기업의 차이는 너무도 명백하기 때문
이다. 그러나 결과의 차이는 하나의 질문에서 시작된다.

'경영을 이끄는 올바른 목적이 있는가?'

경영자들이 이 질문에 얼마나 자신있게 대답하느냐는 곧 기업이 얼마나 장기적인 생명력을 갖추고 있느냐와 일치한다고 볼 수 있다.

목적이 있는 회사가 발전한다

노벨상을 수상한 자유주의 시장경제 옹호자 밀턴 프리드먼(Milton Friedman)은 이렇게 이야기했다.

"기업의 유일한 목적은 주주들의 이익의 극대화이며 기업의 사회적 책임을 논하는 것 자체가 근본적으로 파괴적인 주장이다…… 기업이 져야 할 사회적 책임은 오직 하나뿐이다. 바로 자원을 활용해 규칙을 지키는 범위 내에서 이윤을 증대시키는 활동을 하는 것이다."

하지만 이러한 주장에 적극적으로 반박한 것은 사회주의 경제학자도 진보적인 지식인도 아니었다. 아이러니하게도 전 세계에 체인점을 가지고 있는 글로벌 기업 스타벅스의 CEO인 하워드 슐츠(Howard Schultz)였다. 그는 프리드먼을 적극적으로 비판하면서 이렇게 말했다.

"구식 사고방식에 사로잡혀 기업의 책임이 오직 이윤 창출에만 있다고 생각하는 기업은 그것이 얄팍한 목표일 뿐 아니라 지속 불가능한 것이라는 걸 알게 될 것이다. 고객과 직원의 충성심을 이끌어 내는 것은 가치이며, 돈과 인재는 가치가 호환되는 기업을 따를 것이다."

밀턴 프리드먼과 하워드 슐츠의 논쟁은 오늘날의 경영자들에게 시사하는 바가 적지 않다. 이러한 두 가지 생각은 오늘날에도 여전히 논쟁 중이다. 기업의 유일한 활동은 이윤 추구라고 생각하는 경영자들이 많기 때문이다. 그러나 명확한 것은, 슐츠의 말처럼 목적이 있는 회사라야 장기적인 발전이 가능하며, 이것이 곳곳에서 증명되고 있다는 점이다.

실제로 세계적인 컨설팅 회사인 딜로이트에서 실시한 설문조사에 따르면, 목적의식이 강한 기업에 종사하는 종업원들의 몰입도가 훨씬 높았다. 직원들의 몰입도가 높다는 것은 곧 업무에 대한 강한 열정은 물론이거니와 그에 따른 성과물도 높다는 것을 의미한다. 결국 경영 이념과 핵심 가치를 양손에 들고 미션을 바라보는 회사만이 승리할 수 있다는 것이다.

핵심 가치를
발견하라

네패스의 성장 과정을 되돌아봤을 때, 우리가 무엇보다 심혈을 기울인 것 역시 이러한 '목적이 이끄는 회사'를 만들려고 한 점이다. 물론 신생 회사가 초창기부터 목적을 설정하기는 쉽지 않다. 우선 회사를 안정시켜야 하고, 수시로 닥치는 도전에 응전하기 위해서는 시간과 노력이 부족할 수밖에 없다. 그러나 목적은 단지 머릿속에 세워진 추상적 가치에 그치는 것이 아니라, 회사가 위기와 어려움에 빠질 때 그것을 지탱해주는 마지막 동아줄 역할을 한다. 따라서 회사의 경영 이념과 미션, 그리고 비전은 모든 경영 활동에 근거와 기준을 제시함으로써 회사를 단일한 공동체로 만들고 힘 있게 전진할 수 있도록 도와준다. 한마디로 모든 구성원에게 동일한 목표를 향할 수 있는 강한 정신력을 심어준다.

네패스는 '감사(Thanks)'를 핵심 가치로 하여, ▲봉사하는 생활 ▲도전하는 자세 ▲감사하는 마음을 경영 이념으로 삼아왔다. 또한 '명품 회사, 명문 회사, 섬김 회사'를 궁극적인 목적이라고 할 수 있는 미션으로 정했다. 최고의 인재들이 모인 명문 회사가 되어 최고의 제품을 만드는 명품 회사로 발전해, 고객을 섬기고자 하는 것이었다. 여기에

우리가 설정한 '과학과 기술로 미래를 앞당기는 공동체'라는 비전은 지금 세대들에게 더 나은 미래를 빠르게 가져다줌으로써 삶의 질을 향상시키겠다는 의지의 반영이었다.

이렇듯 미션과 비전이 하나가 되고, 여기에 경영 이념과 핵심 가치가 결합함으로써 네패스는 온전한 구조를 만들어낼 수 있었다. 이와 더불어 이러한 구조 안에서 고용을 창출하고, 인재들에 대한 교육과 훈련을 통해 능률을 높이고, 최종적으로 고객 가치를 창조하는 활동을 하게 된다.

이것은 그저 경영자가 책상에 앉아서 만들어낸 철학이 아니다. 매일 전 임직원이 가슴에 품고 되새기는 숨 쉬는 행동 원칙이기도 하다. 좀 더 미시적으로 보면, 이는 한 개인이 하루를 어떻게 보내느냐 하는 것과 비슷하다. 아침에 일어나 오늘 할 일과 그것이 내 최후의 목표에 어떤 역할을 할지 명확하게 인식한 사람과 '오늘도 어제같이, 내일도 오늘같이' 의미 없이 살아가는 사람이 보내는 하루는 명백히 다를 것이다. 하루하루 성취를 향해 착실히 걸어가는 사람은 결국 꿈이 이뤄질 것이라는 사실을 어렵지 않게 예상할 수 있지만, 목표도 없이 방황하며 하루를 보내는 사람은 원하는 삶에 도달하기가 거의 불가능할 것이다.

경영과 일의 모든 과정에서 매우 중요한 역할을 하는 것이 바로 '미션과 비전, 핵심 가치, 그리고 경영 이념'이다. 그 결과 회사는 '감사 공동체'로 변하면서 모두가 하나의 문화 안에서 집중력 있는 경영을 할 수 있었다. 또한 이것은 기업을 경영하면서 겪었던 숱한 어려움을 이겨낼 수 있는 힘을 주었다.

경영자들은 하루에도 수많은 것에 신경을 써야 한다. 현금의 흐름에서부터 종업원들의 퇴사와 채용, 더 나아가 현재 시장 환경, 미래의 변화까지 염두에 두어야 한다. 실무를 하지는 않지만 경영자 또한 실무자만큼이나 격한 업무를 해야 한다. 이 과정에서도 늘 잊지 말아야 하는 것이 바로 '지금 우리 기업을 어떤 목적으로 가지고 이끌고 있는가?' 하는 점이다. 목적 없는 삶은 그저 하루하루를 때울 뿐이듯, 목적이 없는 경영은 점점 부실해질 수밖에 없는 기업을 손에 쥐고 시간만 흘려보내는 것에 불과하기 때문이다.

이윤에 매몰되는 것은 그 이윤을 지켜주는 든든한 장벽을 잃어버리는 것이며, 그것이 전부라는 생각은 기업의 생명력을 지켜주는 방어벽을 스스로 제거하는 것일 뿐이다. 수많은 경영자가 이윤과 당장의 생존을 넘어 더 미래의 미션과 가치를 추구하는 것은 결국 그것이 이윤과 생명력을 지켜주기 때문이다.

3·3·7 라이프,
경영 혁신의 핵심

"오늘도 잠자리에서 거뜬하게 일어날 수 있어서 감사합니다.
유난히 눈부시고 파란 하늘을 보게 해주셔서 감사합니다.
점심때 맛있는 스파게티를 먹게 해주셔서 감사합니다.
얄미운 동료에게 화내지 않았던 저의 참을성에 감사합니다.
좋은 책을 읽었는데, 그 책을 써준 작가님께 감사합니다."

오프라 윈프리(Oprah Gail Winfrey, 방송인)의 '감사 일기' 중에서

경영의 핵심 중 하나는 바로 감사하는 마음이다. 자신에게 주어진 환경을 감사하고, 일이 있음에 감사하고, 그것을 타인과 함께하는 과정에 감사하는 것이다. 사실 '감사와 경영'은 거의 관련이 없는 것처럼 보인다. 경영 현장은 흔히 전장(戰場)에 비유할 정도로 치열하며 생존의 갈림길이 존재하기 때문이다. 이처럼 죽거나 죽이거나를 반복해야 하는 정글 속에서 감사는 그저 약자의 미덕에 불과한 것처럼 여겨진다.

그러나 이 감사가 발휘하는 효과는 느껴지는 이미지와 완전히 다르다. 그것은 회복 탄력성을 높여 마음 근육을 단련하고, 행복의 감정을 느끼게 해서 조직 내의 인간관계를 강화시키는 역할을 한다. 결국 감

44

사라는 것은 직원의 마음과 관계를 변화시키는 '혁신의 방법론'이자 경영의 틀을 뒤바꾸는 '전투적 에너지'라고 할 수 있다.

위기에 적절하게
대응하는 방법

기업은 늘 위기에 노출되어 있다. 환경의 변화, 경쟁자의 출현, 소비자 가치의 변화 등이 대표적인 요인이다. 늘 거친 파도에 흔들리는 바다 위의 배 한 척, 이것이 바로 기업의 가장 현실적인 모습이라고 해도 과언이 아니다. 그렇지만 파도가 얼마나 거세냐보다 배를 얼마나 안전하고 튼튼하게 만들었느냐가 더 중요하다. 이러한 위기에 적절하게 대응하기 위해서는 직원들의 '마음 근육'이 무엇보다 중요하다. 심리학에서는 이를 '회복 탄력성'이라고 부른다.

회복 탄력성이란 힘든 일을 겪었을 때 절망하거나 포기하지 않고 오히려 이를 활용해 더 나은 결과를 창출하는 것을 말한다. 근육이 탄탄한 사람이 오래달리기를 잘 견디거나 더 나은 순발력을 발휘하는 것과 마찬가지이다. 마음 근육이 탄탄한 직원들이 모여 있는 기업이 위기에 훨씬 강한 모습을 보여주는 것은 당연하다. 이러한 마음 근육을 높여주는 가장 유력한 방법 중 하나가 바로 '감사'이다.

미국의 심리학자 로버트 에먼스(Robert Emmons) 교수는 아이들을 대상으로 하나의 실험을 진행한 적이 있다. 첫 번째 그룹에게는 '하루를 보내면서 힘들었던 일'을 쓰게 하고, 두 번째 그룹에게는 '하루를 보내면서 감사했던 일'을 적게 했다. 그 결과 두 번째 그룹 아이들이 느끼는 행복지수가 훨씬 더 높았다. 그뿐만 아니라 두 번째 그룹 아이들은 학업 성적도 더 높았고, 다른 사람을 돕는 빈도도 크게 늘어났으며, 몸까지 건강해졌다. 감사하는 마음가짐이 물리적인 현실까지 바꾼 셈이다.

감사가 미치는 긍정적 영향은 전투에서 극심한 공포와 두려움을 겪었던 사람들에게도 나타났다. 치열했던 이라크전(戰) 이후 귀향한 미국 군인들을 중심으로 외상 후 스트레스 장애(PTSD)를 추적 조사한 적이 있었다. 특히 전투 현장에 참가한 군인들은 상당수가 심리적인 문제를 겪고 있다는 점에서 이 연구는 비상한 관심을 끌었다. 사실 전투 과정에서 사람의 마음 근육은 거의 와해된다. 삶과 죽음의 경계를 일상에서 느끼고 자신도 언제 죽을지 모른다는 공포심은 정신적 탈진 상태를 부르기 때문이다.

그런데 놀랍게도 전투에 참여했음에도 불구하고 이러한 외상 후 스트레스 장애가 전혀 없는 일련의 군인들이 발견됐다. 똑같은 전투 현장에서 비슷한 경험을 했는데, 왜 특정한 사람들은 정신적 장애를 겪지 않았을까? 그들의 배경을 조사한 결과 한 가지 공통점을 발견할 수 있었다. 그것은 바로 긍정적인 정서와 건전한 자기인식, 그리고 늘 가족과 주변 사람들에게 감사하는 마음이었다. 실제 전투에서도 와해되지 않는 마음 근육을 지키는 힘이 감사라고 한다면, 경영 현장에 미치는 감사의 영향력은 훨씬 더 클 것이다.

마음 근육은
어떻게 단련되는가

내가 직원들의 역량 개발에서 가장 집중하는 요소 중 하나는 바로 '마음 근육의 단련'이다. 급격한 외부 환경에 대응하고 목표 이상의 성과를 창출하기 위해서는 이 마음 근육의 단련이 무엇보다 중요하다고 판단했기 때문이다. 그러나 이러한 마음 근육은 하루아침에 단련되는 것이 아니다.

그뿐만 아니라 아는 것(knowing)과 행하는 것(acting)은 전혀 다른 문제이다. 따라서 아는 것이 행하는 것으로 전환되기 위해서는 습관처럼 체화할 수 있는 방법이 반드시 필요하다. 따라서 네패스에서는 ▲동료들과 하루에 3가지 이상 좋은 일을 나누고 ▲하루 3곡 이상 노래를 부르며 ▲하루 30분 이상 책을 읽고 ▲하루 7가지 이상 감사 편지를 쓰고 있다. 우리는 이를 '3·3·7 라이프'라고 부른다. 이러한 일련의 과정들은 다양한 면에서 직원들의 마음 근육을 단련시켜나가고 있다. 민첩성, 포용력, 지성, 협력, 유연성 등 회사 내에서 활용되는 각각의 능력을 최대치로 발전시켜주고 있다.

특히 직원들의 자발적인 참여도도 매우 높은 편이다. 음악교실의 경우 매일 아침 5개의 지역 본부에서 진행되는데, 참여율이 80퍼센트를 상회하며, 독서토론의 경우 매주 1회 90개의 그룹에서 80퍼센트 정도의 직원들이 참여한다. 특히 감사 편지는 2015년 8월 한 달 동안 1만 3,676개가 작성됐으며, 최다 작성자는 한 달에 1,500개를 작성하기도 했다. 이러한 활동은 업무 외에 개별적 시간을 이용하는 것이 아니라 회사 업무의 한 부분으로 편입시켜 진행하기 때문에 매일 학습과 훈련을 통해 지속적으로 강화되는 결과를 낳고 있다.

그리고 이런 감사를 통한 마음 근육의 강화는 곧 기업의 매출에도 큰 영향을 미쳤다. 네패스는 그동안 다른 기업과 정반대의 성장곡선을 그려왔다. 평균적으로 기업들은 15년을 주기로 대체로 처음 몇 년간 매출이 급상승한 뒤 지속적인 하락과 소멸

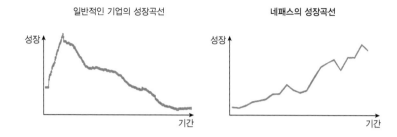

일반적인 기업의 성장곡선 　　　　　 네패스의 성장곡선

과정을 거쳐왔다. 그러나 네패스는 창립 이후 25년간 중단 없는 상승세를 이뤄왔다. 기존 회사들의 매출 추이와 완전히 정반대의 곡선을 그리고 있는 것이다. 또한 이러한 매출 상승 곡선은 2003년 그래티튜드에 대한 경영 이념을 선포할 당시부터 오늘에 이르기까지 다양한 감사 훈련의 강화 과정과 거의 정확하게 일치하고 있다.

　많은 경영자들이 혁신을 바라고 그것을 달성하기 위한 효과적인 툴(tool)을 고민하며 직원들의 역량 강화를 위한 다양한 방법론을 모색하고 있다. 내가 다른 기업 경영자들에게 무엇보다 감사에 주목하라고 권하고 싶다. 이를 위해 별도의 설비를 구축할 필요도 없고, 신생 팀을 조직할 이유도 없으며, 외부 컨설팅을 통해 복잡한 프로세스를 직원들에게 강요할 필요도 없다.

　그런 점에서 감사는 그 모든 혁신 이론에서 가장 효율적인 하나의 방법이 될 수 있을 것이며, 직원들의 내면과 행동의 변화를 근원적으로 이뤄내는 계기가 되어줄 것이라고 확신한다.

결과적으로 '직원들이 노래를 부르고, 책을 읽고, 감사 편지를 쓰는 것'이 바로 혁신 경영의 출발점이자 핵심이다. 어쩌면 '역발상'처럼 보이는 이러한 경영 방법론은 저성장, 불황기인 지금 시대에 가장 어울리는 조직 활성화와 기업의 경쟁력을 확보하는 방법이기도 하다. 기업을 구성하는 한 명 한 명의 마음이 탄탄한 마음 근육을 갖춰 회복탄력성을 단련할 수 있다면, 그 어떤 위기가 닥쳐도 기업은 견뎌나갈 수 있는 쟁쟁한 경쟁력과 탄탄한 근육을 키워나갈 수 있을 것이다.

긍정적인 낙인 효과를
부르는 원리

―――――

"나는 감사할 줄 모르면서 행복한 사람을 한 번도 만나보지 못했다."

지그 지글러(Zig Ziglar, 동기 부여가)

감사를 경영의 핵심으로 놓고 실천하는 과정에서 가장 먼저 맞닥뜨리는 인식의 장애물은 바로 '감사할 일이 없는데 뭘 감사하느냐', '나에게 고마운 사람이 아닌데 어떻게 고마워하느냐'는 점이다. 일견 매우 합리적인 말임에 틀림없다. 원인이 있어야 결과가 있는 법이다. 감사해야 할 일이 있어야 감사하는 마음이 생기는 것은 당연하다. 그러나 세상과 인생의 문제에서 모든 것이 원인과 결과의 논리대로만 움직이는 것은 아니다. 때로는 결과가 앞서고, 그에 따라 원인이 뒤바뀌는 일이 생기기도 한다. 일명 '낙인 효과'라고 불리는 것이다.

행복한 결과로
이끌어주는 감사진법

인간관계에서도 마찬가지지만, 기업 내에서도 특정 인물에 대한 특정 이미지라는 것이 형성되어 있다. '저 사람은 스마트한 사람', '저 사람은 친절하지 않은 사람'이라는 이미지가 한번 형성되면 쉽사리 바뀌지 않는다. 안타까운 것은 상대방에 대해서 자세히 알지도 못하면서 이러한 편견을 너무 쉽게 받아들인다는 점이다.

그런데 이러한 낙인이 찍히면 당사자에게도 큰 영향을 미친다. 예를 들어 상사에게 인정받지 못한 직원은 소극적으로 변하게 된다. 자존감도 떨어지고 그것이 또 어떤 상사의 호통을 부를지 모르니 최대한 안전 위주로 업무를 하게 된다. 그러나 당사자가 이렇게 행동하는 동안 상사의 편견은 더욱 굳어진다. 상사는 '역시 저 사람은 소극적이야'라는 확신에 이르게 되고, '도전 정신이 없다'고 판단한다. 이런 경우 부하직원에게 내려진 것이 바로 '낙인 효과'이다. 누군가의 시선과 판단이 상대방의 생각과 습관을 굳어버리게 만들고 행동마저 통제하는 것이다.

이러한 현상은 원인과 결과가 뒤바뀌는 결과를 가져온다. 사실 부하직원은 애초에 소극적인 사람이 아니었다. 상사가 했던 '저 사람은 소극적이야'라는 결과론적인 판단이 실제 그 사람을 소극적으로 만든 것이다. 결과가 원인을 좌지우지하는 셈이다. 사실 이러한 현상은 일상에서 쉽게 찾아볼 수 있다. 칭찬을 많이 받고 자란 아이는 모든 것에 자신감을 가지게 되고, 어렸을 때부터 부정적인 낙인이 찍힌 아이는 스스로를 그 낙인 안에 가두어 큰 성장을 이루지 못하게 된다.

이러한 부정적인 낙인 효과를 역으로 활용한 것이 바로 우리 회사에서 시행하고 있는 '감사진법'이다. 진법이란 자릿값이 올라감에 따라 몇 배씩 커지는 수의 표시법을 말한다. 이진법은 2배씩 수가 커지고 십진법은 10배씩 수가 커진다. 마찬가지로 이 감사진법은 감사를 하면 할수록 더욱 감사할 일이 많아지는 원리를 가지고 있다. 그런데 처음 이 감사진법을 본 사람은 고개를 갸우뚱하는 경우가 많다. 앞서 말했듯이 감사할 일이 아닌데도 감사하라고 말하기 때문이다. 우선 그 구체적인 내용을 살펴보자.

▲예상치 않은 일이나 업무가 생겼을 때 감사하라 ▲생각만 하지 말고 소리 내어 감사하라 ▲내 기준에서 기쁨이나 행복의 조건을 빼앗긴 그 원인에 대해 감사하라 ▲내 마음에 감사가 차고 넘칠 때까지 계속 입으로 감사하라 ▲지체하지 말고 즉각적으로 감사하라 ▲감사진법을 생활의 모든 면에 활용하라 ▲사람에 대해서는 철저하게 '감사/감사/축복'하라 ▲쓰임받는 사람, 존귀함을 받는 사람, 감사가 넘치는 사람

이 되자.

사실 이 감사진법 곳곳에는 모순된 내용이 있다. 일반적으로 우리는 누군가를 알았다고 해서 그 일 자체에 서둘러 감사를 하지는 않는다. 아직 그 사람으로부터 아무것도 받지 않았고, 실제 나에게 선한 행동을 할지 나쁜 행동을 할지 알지 못하기 때문이다. 예상치 못한 일과 업무가 생겼을 때 감사하라는 것도 마찬가지다. 그게 나에게 진짜 감사한 일이 될지 안 될지 전혀 모르는 상태이기 때문이다.

그러나 여기에는 바로 '긍정적 낙인'이라는 비밀이 숨어 있다. 앞에서 살펴보았던 부정적인 낙인의 정반대 효과이다. 일단 주어진 상황에 대한 가치 판단을 멈추고 '감사'라는 딱지부터 붙이는 것이다. 이렇게 하면 그것을 대하는 우리의 태도가 완전히 달라진다. 누군가를 만났을 때 '감사'라는 긍정적인 낙인을 찍게 되면 상대를 대하는 우리의 행동이 달라지고 마음 자세가 달라진다. 내가 먼저 타인에게 선한 행동을 하게 되고 그것이 상대방의 마음을 움직여 다시 선한 행동으로 되돌아온다. 내가 웃으며 인사하면 상대도 웃으며 인사하고, 내가 욕을 하거나 인상을 찌푸리면 상대도 마찬가지 행동으로 나를 대하는 것과 똑같은 이치이다. 예상치 못한 일에 감사하면 그 일을 정성들여 하게 되고, 이는 그 일을 성공적으로 마무리 짓게 만들어 오히려 자신에게 도움이 되는 방향으로 되돌아온다.

실제로 이 감사진법을 실천한 직원들은 자신이 원래 예상했던 것과 전혀 다른 경험을 하게 된다고 말한다. 감사할 일이 없어도 일단 감사하기 시작하면 원래 별것 아니었던 것도 감사할 일로 변한다는 것이다. 심지어 태어나게 된 것에 감사하고, 지금 문제없이 살아 있음에 감사하고, 아내와 자녀의 목소리 듣는 것에 감사하게 된다. 그리고 이것은 현재 열심히 일할 수 있는 직장이 있는 것에 대한 감사로 발전한다.

이러한 감사진법은 우리가 '지금, 여기에서' 누리고 있는 것이 얼마나 풍족한지 알려주는 색다른 계산법이기도 하다. 되돌아보면 자신이 얼마나 많은 도움을 받았는지, 또한 자신이 가진 것이 얼마나 많은지 아는 사람들은 그 자체로 행복감을 느낄 수밖에 없다. 감사할 일이 있어서 감사하는 것이 아니라, 감사를 시작하면 주변의 모든 것이 감사한 일이 된다.

오늘
나는 행복한가

이러한 감사진법이 가지고 있는 또 하나의 특징은 사람들로 하여금 물질적 풍요의 한계를 뛰어넘게 한다는 점이다. 사실 물질적 풍요는 모든 사람이 원하는 것이지만 안타깝게도 이것은 한계를 가지고 있다. '이스털린의 역설(Easterlin Paradox)'이라는 것은 '일정 수준 이상을 지나면 소득이 높아져도 행복도가 더 높아지지 않는다'는 점이다. 사실 경제적인 조건, 복지 상태가 만들어내는 행복감은 예상외로 그리 높지 않다. 돈이 많으면 무한정 행복할 것 같지만, 결코 그렇지 않다는 이야기이다. 반면 정신적 풍요로움이 가져다주는 만족감과 행복감에는 한계가 없다. 매일매일 활력을 주고, 아무리 사소한 것도 즐겁게 생각하고 지금 현재 상태만으로도 충분한 에너지를 주게 된다. 결코 닳지 않고 한계도 없는 놀라운 힘을 가지고 있는 것이 바로 정신적 풍족감이다.

세계에서 행복도가 가장 높은 나라는 덴마크이다. 행복 연구의 선구자인 미국 일리노이 주립대학교의 에드 디너(Ed Diener) 교수가 해마다 실시하는 국가 행복도 조사에서 덴마크는 거의 매번 1위를 차지한다. 우리는 흔히 덴마크는 복지가 잘되어 있어서 국민들이 행복할 것이라고 생각한다. 그러나 그들의 마음 깊은 곳에는 주어진 것에 감사하는 마음이 담겨 있다. 사실 역사적으로 보면 덴마크는 매우 불우한 나라이다. 수많은 전쟁으로 국토가 점점 줄어 결국 우리나라의 5분의 1 크기로 줄어들었다. 경제 규모는 유럽 연합 GDP의 2퍼센트도 채 되지 않는다. 겨울이면 너무 일찍 어두워지고, 일주일 중 6일은 날

씨가 우중충하다. 복지제도가 잘되어 있다고 하지만, 다른 북유럽 국가들도 비슷한 수준이다.

그럼에도 불구하고 덴마크가 늘 1위를 차지하는 것은 바로 주어진 것에 감사하는 마음 때문이다. 상당수의 덴마크인들에게 언제 가장 큰 행복을 느꼈느냐고 물어보면 상당수가 '오늘 아침'이나 '어제저녁'이라고 답한다. 그들에게는 그냥 지금 현재 주어진 생활 자체가 행복하다는 의미이다.

덴마크의 역사에서도 이러한 단면을 찾아볼 수 있다. 전쟁으로 대부분의 국토를 잃었을 때, 그들은 영토를 넓히고 자원을 확보하기 위한 제국주의의 길을 걷지 않았다. 오히려 그나마 남아 있던 국토를 개간하면서 최선을 다해 세계 최고의 낙농업 국가로 우뚝 섰다. 이는 덴마크 국민들이 주어진 것에 감사하고 그것을 최대한의 행복으로 만들기 위해 노력해왔다는 의미이기도 했다. 그리고 이러한 힘이 세계 1위의 행복 국가를 만들어낸 원동력이다.

감사는 주어진 상황에 대한 무한긍정을 이끌어내고 그 긍정 안에서 현실을 주도적으로 바꿔나가는 힘이기도 하다. 예상치 못한 일이 생겨도, 누군가를 새롭게 만나기만 해도 감사하는 생활은 불안을 사라지게 하고 늘 할 수 있다는 자신감이 넘치도록 만들어주기 때문이다. 그런 점에서 감사는 기업과 직원들을 변화시키고, 현실에서 행복을 느끼게 만들어주는 마법이기도 하다.

이제 우리는 '원인이 결과를 만들어낸다'는 과학적 사고를 한 걸음 떨어져서 바라볼 필요가 있다. 최소한 우리의 삶, 우리의 기업을 대할 때만큼은 말이다. 어떠한 일이 생기더라도 우선 감사의 낙인부터 찍고 시작하면 많은 것이 달라진다. 회사 경영상 어려움이 닥쳐도 즐겁게 헤쳐나가고, 갑작스럽게 닥친 업무도 도전해볼 만한 흥미로운 일이 된다는 이야기이다. 이러한 경영자와 직원들이 똘똘 뭉쳐 이끌어가는 회사가 잘 운영되지 않는다면 아마도 그것이 더 이상할 것이다.

감사는 성장 에너지다

"감사하는 마음, 그것은 자기 아닌 다른 사람을 향하는 감정이 아니라,
자기 자신의 평화를 위하는 감정이다. 감사하는 행위,
그것은 벽에다 던지는 공처럼 언제나 자기 자신에게로 돌아온다."

이어령(언론인·문학평론가)

인간의 감정은 특정한 에너지를 가지고 있다. 감정은 본인 스스로에게
영향을 미치는 것은 물론, 이것이 하나의 파동이 되어 주변 사람들에
게까지 영향을 미친다. 분노가 극에 달한 사람은 주변 사람들을 다치
게 하고, 행복으로 여유로운 사람은 주변 사람의 아픔을 돌보고 배려
하게 된다.

　그런데 이러한 감정의 에너지가 전달되는 대상은 꼭 사람만이 아니
다. 때로는 물리적 세계에도 영향을 미친다. 인간의 감정이 기계나 물
건 등에도 충분히 영향을 미칠 수 있다는 이야기이다. 물리적 세계
와 정신적 세계가 각기 다른 원리에 의해 지배받는다는 일반적
인 사고에 비하면 다소 신비주의적이고 엉뚱한 이야기일 수도

있다. 그러나 감정이 특정한 '에너지'를 일으킨다는 점에서, 그것은 분명 물리적 세계도 움직이는 힘을 가지고 있다.

현장에 감사의
마음을 담아라

다케다 제과의 CEO인 다케다 와헤이는 '일본의 워런 버핏'이라고 불린다. 그는 무려 103개 상장 회사의 대주주로서 막대한 부를 축적한 인물이기도 하다. 그런데 그를 성공시킨 가장 큰 덕목 중 하나는 바로 '감사'이다. 그가 이렇게 감사에 깊이 감명받은 것은 어떤 실험 결과를 접한 후였다. '사람의 호흡에는 숨겨진 비밀이 있다'고 주장하는 한 실험에서 그는 꽤 충격적인 사실을 접했다. 화를 내는 사람의 호흡과 감사하는 마음을 가진 사람의 호흡을 각각 모아 그 안에 모기를 풀어놓았다. 그 결과 화가 가득한 공기의 모기는 얼마 가지 않아 질식했고, 감사하는 마음이 담긴 공기 속에 들어 있던 모기는 여전히 활기찬 모습이었다.

그는 이 모습을 본 후 다케다 제과의 제조 현장을 다시 떠올렸다. 과자라는 것은 사람이 직접 먹는 음식이다. 그런데 만약 이 소중한 음식을 만드는 사람들이 잔뜩 화난 상태라면 어떨까? 그들이 내뱉는 분노의 호흡이 공기 속으로 전파되고, 그것이 과자에도 영향을 미치는 것은 당연했다.

그는 '타마고 보로'라는 계란과자를 만들기 시작하면서 직원들에게 하루에 수천 번 "감사합니다!"를 복창하게 했다. 처음에는 감사할 일도 없는 사람들이 "감사합니다!"를 외치려니 고역이었다. 그러나 계속해서 그 말을 반복한 사람들의 마음이 변하기 시작했다. 진심으로 자신의 모습에 대한 감사의 마음이 생기기 시작해, 계란과자를 만드는 제조 현장이 웃음으로 가득했다. 이후 타마고 보로라는 과자는 급격한 매출 신장세를 보이면서 성공 가도로 접어들었다.

감사를 통한 솔루션: 무드 엘리베이터

인간의 감정을 계층적으로 나타낸 '무드 엘리베이터(Mood Elevator)'는 최하층인 지하 9층에서부터 최상층인 지상 9층까지 존재한다. 이는 인간이 가질 수 있는 감정의 스펙트럼을 보여주는 것은 물론이거니와 각각의 감정이 가진 영향력의 강도도 동시에 알려준다. 최하위의 감

무드 엘리베이터
감사하는(grateful)
지혜로운(wise)
창의적인(creative)
지략이 있는(resourceful)
희망적인(hopeful)
고마워하는(appreciative)
참을성 있는(patient)
유머감각(sense of humor)
융통성 있는(flexible)
호기심이 많은(curious)
안달하는(impatient)
짜증 난(irritated)
걱정스러워하는(worried)
방어적인(defensive)
비판적인(judgmental)
독선적인(self-righteous)
스트레스받는(stressed)
화난(angry)
침울한(depressed)

출처: http://upthemodelevator.com

정인 침울함은 스스로의 발전 가능성을 믿지 못하는 상황인 것은 물론, 타인과의 소통도 막아 고립되게 만든다. '사람은 사회적 동물'이라는 대명제에 비춰본다면 가장 최악의 상태이다. 사회 속에서 활동할 의지도 갖지 못하고 사회 속의 사람들과 교류도 하지 못하는 상태이기 때문이다. 반면 최고층에는 바로 감사함(grateful)이 존재한다. 또한 이는 인간의 감정 중에서 감사라는 것이 자신과 주변을 변화시키는 데 상당한 파급력과 영향력을 가지고 있다는 점을 알 수 있게 해준다.

가끔씩 기업의 제조 현장을 방문하는 사람들은 특정 장면을 보고 도저히 이해할 수 없다는 표정을 짓기도 한다. 기계에 '감사합니다'라고 적은 스티커를 붙여놓는가 하면, 실제 엔지니어들은 수시로 장비에 고개를 숙여 "감사합니다"라며 인사를 하기 때문이다. 21세기 첨

62

단기술 시대에 사물에 경의를 표하는 모습은 당황스러운 장면일 수도 있다. 그렇지만 이런 기계에 대한 감사는 네패스가 해온 오랜 문화이며, 실제로 아주 큰 효과가 있음이 증명되었다.

휴대전화의 터치 패널을 제조하는 공정에 스퍼터(Sputter)라는 고가의 장비(40~50억)가 있는데, 이것은 365일 24시간 연속 작업을 해야 하는 중요한 공정장비이다. 그런데 한 달에 10건 전후의 인덱스 에러(index error)로 인해 장비 가동이 멈추곤 했다. 문제는 이 스퍼터가 멈추면 다른 모든 공정이 멈추고, 결국 공장이 한 시간 이상 올 스톱된다는 점이다.

장비가 한 시간 동안 멈추면 3,000개 정도 제작이 늦춰지기 때문에, 금액으로 환산하면 1,700만 원 정도의 손실이 발생한다. 평균적으로 한 달에 10건 정도 발생하는 스퍼터의 오류 때문에 약 1억 7,000만 원의 피해가 매달 고정적으로 발생하는 것이었다. 그냥 무시할 만한 손해 규모가 절대 아니었다.

결국 우리는 이 문제를 해결하기 위해 '감사를 통한 솔루션'을 실천하기로 했다. 아침마다 장비 그룹 직원들이 모여 스퍼터를 비롯해 각자의 장비 앞에서 "감사합니다!"를 크게 외치며 90도 각도로 인사를 하고, '고장 ZERO 감사합니다!', '가동 100퍼센트 감사합니다!'라는 문구를 적어 장비에 붙여놓았다. 이러한 활동은 당사자들조차 예상하지 못했던 결과를 가져왔다. 한 달에 10건씩 발생하던 고장이 1건으로 확 줄어들었고, 그로 인해 매달 1억 5,000만 원 이상의 손실이 줄었기 때문이다.

놀라운 결과를 보여준
양파 실험

사실 이러한 시도를 할 수 있었던 것은 실제로 '양파 실험'을 통해 얻은 놀라운 결과 때문이었다. 우연히 모 방송국의 다큐멘터리를 통해 두 종류의 양파를 수경 재배하는 광경을 보았다. 한쪽 양파에는 늘 감사하는 말과 마음을 전하고, 그렇지 않은 쪽에는 저주와 욕을 하면서 그 재배 과정을 지켜본 것이다. 그런데 놀랍게도 감사의 말과 마음을 받은 양파는 쑥쑥 자란 반면, 그렇지 않은 양파는 쪼그라들기 일쑤였다.

감사에 대해서 많은 관심을 가지고 있었기에 우리 회사에서도 직접 실험을 해보기로 했다. 마트에서 양파를 6개 사서 실험을 해보았다. 한쪽 양파에는 '감사합니다'라고 종이에 써서 붙여놓고 다른 한쪽 양파에는 '짜증 나'라고 붙여놓았다. 그런데 이 실험을 하면서 직원들에게 이 실험의 의미를 전혀 알려주지 않았다. 그저 공개적인 장소에 보이도록 해놓았을 뿐이다.

3개월이 지난 후, 직원들은 감사가 가진 놀라운 힘을 직접 느끼기 시작했다. 감사를 받은 양파들은 뿌리도 무성하고 색깔도 아주 선명했다. 또한 머리에서는 푸른 줄기가 굵게 자라, 줄기만 보면 대파로 착각할 정도였다. 그렇지만 짜증을 느낀 양파들은 뿌리도 별로 내리지 못하고 색깔도 흐릿했다. 줄기 또한 너무 초라해서 한눈에 봐도 힘이 없어 보였다. 똑같은 자리에서 똑같은 물 컵에 담겨 있던 양파들이, 어떤 글씨를 붙여놓느냐에 따라 완전히 다른 발육 상태를 보인 것이다.

그 후 이러한 효과가 기계에도 가능한지 의문이 들었다. 스퍼터라는 장비에 매일 인사를 하고 '감사합니다'라고 써놓은 것은 그런 이유 때문이었다. 그 결과는 우리의 예상을 완전히 뛰어넘어 대성공적이었다.

물론 기계가 사람의 말을 알아들었기 때문은 아닐 것이다. 여기에는 두 가지 이유가 있으리라고 본다. 하나는 천재 과학자 아인슈타인이 말한 '에너지와 질량의 등가법칙'이다. 이는 우리 눈앞에서 사라지는 무엇인가가 있어도, 그것이 궁극적으로 무(無)가 되는 것이 아니라 또 다른 형태로 존재하게 된다는 것이다.

눈앞의 종이는 불타서 사라지는 것처럼 보이지만, 그 에너지만큼은 분명히 존재하며 또 다른 것에 영향을 미친다. 긍정의 에너지가 가득한 '감사합니다'라는 말이 기계에 영향을 미치는 것은 바로 이러한 원리이기도 하다.

더불어 엔지니어가 기계에 감사를 표현하는 순간, 그것은 하나의 에너지가 되어 감사를 표하는 사람의 마음을 변화시킨다. 예를 들어 우리가 누군가에게 감사함을 느끼고 그것을 말로 표현하면 어떻게 될까?

우리는 그 감사에 보답하기 위해 정성을 다하고, 할 수 있는 최대한의 방법을 동원해 상대를 보살핀다. 감사의 행복한 기운이 작업장에 퍼지면서 기계를 대하는 엔지니어들의 손길이 더욱 부드러워지고 정성을 다하게 된다. 이러한 상황에서 기계 고장률이 낮아지는 것은 어쩌면 너무도 당연할 것이다. 그뿐만 아니라 그것은 주변 상황의 변화를 통해서도 기계에 영향을 미친다. 늘 청결한 공간에서 먼지를 없애고 습도를 적절히 조절해주는 것은 반도체 공정에서도 중요한 일이기 때문이다. 이런 환경에서는 기계도 오작동률이 낮아질 수밖에 없다.

회사는 사람이 이끌어간다. 하다못해 양파마저 감사하다는 말을 들으면 발육이 튼튼해지고, 짜증 난다는 말을 들으면 발육이 저하된다. 말을 하지 못하는 기계도 마찬가지다. 그렇다면 사람은 어떨까? 군이 생각해보지 않아도 너무 뻔한 결과를 예상할 수 있다. 이러한 감사 에너지가 기업 전체로 퍼지면 '성장의 에너지'로 변모해 기업의 발전을 이끌어나갈 것이다.

혁신과 창의성의 열쇠

―――――

"내 창의력의 원천은 단지 보고 넘기는 것이 아니라
'잘 관찰하는 눈'이다."

폴 스미스(디자이너·CEO)

지금은 계급사회가 아니지만, 시간이 조금 더 흐르면 새로운 인문학적 계급이 나타날 것이라는 것이 전문가들의 의견이다. 이른바 '창조적 계급(Creative Class)'이 그것이다. 캐나다 토론토 대학교 경영대학원 리처드 플로리다(Richard Florida) 교수가 만든 이 말은 미래 사회에서 창의적인 인재가 얼마나 중요한지 잘 보여준다. 과거에는 돈과 신분이 계급을 구분했다면, 미래에는 창의성이 계급을 구분 짓는다는 이야기이다. 이 말은 곧 창의성이라는 것이 과거의 '돈과 신분'만큼이나 큰 중요성을 가진다는 의미이기도 하다.

경영자들 역시 창의성의 중요성을 잘 알고 있어 창의적인 인재를 채용하고 싶어 한다. 그러나 또 한편으로는 "그런 인재들이 우리 회사에 오겠어?"라는 자괴감 어린 말을 하곤 한다. 그렇지만 방법은 있다. 그런 인재가 오지 않으면, 지금 있는 인재를 창의적으로 키우면 된다. 그 도구는 바로 혁신과 창의성의 비밀이라고 알려져 있는 관찰력을 키우는 것이다. 그것은 곧 감사의 행위와 연결되어 있다.

관찰력으로
본질을 깨닫다

과연 창의성은 어디에서 나오는 것일까? 번쩍하는 아이디어, 혹은 수많은 실패에서 나오는 오랜 축적의 결과라고 할 수 있는 창의성의 근원적인 배경은 무엇일까? 사실 창의성이란 하나의 '본질에 대한 깨달음'이라고 할 수 있다. 우리는 창의성이라는 것이 뭔가 특이한 것, 세상에 전혀 없던 것이라고 생각하지만, 정작 창의성이 우리에게 주는 교훈은 '본질을 꿰뚫어보아야 한다'는 점이다.

창의적이라는 것들을 다시 살펴보면, 인간의 본성이나 행동에 대한 본질, 소비자의 본질을 통찰한 것에 다름 아니다. 스마트폰의 단순한 디자인이 창의성이라고 생각하지만, 사실 그것은 보다 심플해지고 싶고, 간편하게 무엇인가를 하고 싶은 인간 본성의 반영인 셈이다.

그런데 이렇게 본질에 대한 깨달음으로 가기 위해 반드시 필요한 것이 바로 '관찰력'이다. 지능 이론 전문가인 조이 길퍼드(Joy Guildford)는 창의력을 "주어진 사물이나 현상에 대해 새로운 시각에서 다양한 아이디어나 산출물을 표출할 수 있는 능력"이라고 정의한다.

그런데 이렇게 '새로운 시각'을 확보하기 위해서는 대상물에 대한 꾸준한 관찰이 필수적이다. 세상에 그 어떤 것을 보자마자 곧바로 창의적인 아이디어를 떠올리는 사람은 없다. 대부분 해당 분야와 업계에서 최소한 20~30년 꾸준히 일해온 사람들이다. 이는 곧 그가 오랜 시간 몸담으면서 계속 그 대상물을 관찰해왔다는 것을 의미한다. 그리고 이런 반복된 관찰력을 기반으로 드디어 '본질'로 진입하고, 그것이 발현되면 세상 사람들은 그것을 '창의성'이라고 부른다.

우리 회사 역시 직원들의 창의성을 이끌어내기 위한 아이디어 제안 제도를 운영하고 있다. 이 아이디어들은 그 혁신성과 가치에 따라 제일 높은 S등급에 이어 A, B, C, D등급으로 나누어 평가하고 그 결과에 따라 시상을 한다. 그중 제일 높은 S등급의 경우에는 연간 최소 3,000만 원 정도의 원가를 절감할 수 있는 아이디어이다.

그러나 처음 제안제도를 실행했을 때는 제도 자체가 별로 활성화되지 못했다. 경영자로서 독려해보기도 했지만, 시간을 쪼개서 해야 하는 직원들 입장에서는 쉬운 일이 아니었다. 제안된 아이디어도 대부분 C, D등급들뿐이고, 별로 많지도 않았다. 게다가 S등급은 한 번도 나온 적이 없고, A나 B등급도 기껏해야 1년에 한두 차례 나오는 것이 고작이었다.

사실 처음에는 별로 실효성 없는 이런 제도를 계속 유지해야 하는 가 하는 고민도 들었다. 그렇지만 분명한 목적을 가지고 시작한 제도를 흐지부지할 수도 없을 뿐만 아니라, 이 제도가 잘 구현된다면 회사의 창의성을 높이는 것은 두말할 필요도 없었다. 그런데 어느 순간부터 이 제안제도에 조금씩 변화가 일어났다.

A, B 등 높은 등급의 아이디어가 5배 이상 증가했고, 급기야 최초로 S등급 아이디어가 탄생했다. 그러나 여기서 그치지 않고 얼마 지나지 않아 S등급 아이디어가 연거푸 탄생하며 단기간에 5건의 S등급 아이디어가 쏟아져나왔다. 그것도 단순히 연간 3,000만 원 절약 수준이 아니라 최소 1억 원에서 최대 3억 원을 절약할 수 있는 아이디어들이었다.

초기에는 폐지해야 하나 말아야 하나 고민하던 이 제도가 갑자기 활성화된 원인은 무엇일까? 물론 우리 스스로 해낸 일이기는 하지만, 그 원동력이 어디에 있는지 파악하기가 쉽지 않았다. 그 원인을 모색하던 중 우리는 제안이 급등한 시기와 감사 훈련이 활발해지기 시작한 시점이 상당히 일치한다는 사실을 알게 됐다. 그렇다면 둘 사이에는 어떠한 '의미'가 연결되어 있는 것일까? 이제껏 많은 사람이 '창의성'이라는 것은 두뇌의 영역, 경험의 영역, 혹은 아이디어의 영역에서만 논했지, 그것을 '감사'라는 것과 긴밀하게 연결한 경우는 없었다. 그렇지만 시간이 흐르면서 우리는 감사가 가지고 있는 또 다른 힘을 알게 되었다. 그것은 감사가 관찰력을 월등하게 높여주어 본질에 대해 통찰하게 해준다는 점과 더불어 제안제도 자체를 활성화시키는 능력을 가지고 있다는 점이었다.

감사 훈련으로
조직문화를 강화하라

직원들은 매일 7가지에 대해 감사 편지를 써야 한다. 하루에 한두 가지 감사할 일을 떠올리는 것은 그다지 어렵지 않다. 잠시 휴식 시간이나 식사하는 도중에도 그 정도는 생각할 수 있다. 그런데 사실 7개가되려면 상당한 관찰력이 필요하다. 오늘 하루를 처음부터 다시 되새겨보고, 만난 사람을 살피는 것은 물론, 하루에 생긴 여러 가지 일과 경험을 한 걸음 떨어져서 관찰해야 했던 것이다.

이러한 관찰은 바로 앞에서 이야기했던 '본질에 대한 깨달음'으로 이어진다. 주어진 상황과 대상을 반복적으로 성찰하고, 보이지 않았던 것을 보기 위해 노력하고, 생각지 못하고 지나갔던 의미를 드러내야만 하는 과정 자체가 이미 '창의성'이 만들어지는 프로세스와 거의 동일하다. 결국 감사 훈련은 곧 창의성 훈련이라고 해도 과언이 아니다. 이 둘은 필연적으로 '관찰'이라는 연결고리를 통해서 탄생하게 되고, 이 관찰을 강화하는 과정에서 본질에 대한 통찰이 생겨나기 때문이다. 직원들의 S등급 제안이 급등했던 것에는 바로 이러한 과정이 깊숙이 개입되어 있었던 것이다.

두 번째로 감사 훈련은 제안제도를 활성화할 수 있는 조직문화를 만들어내는 데 큰 기여를 했다고 할 수 있다. 사실 많은 경영자가 제안제도와 같은 것들이 조직 구성원들의 '열의'와 관련 있다고 생각한다. 그렇지만 실제로 많은 조사연구에 따르면, 그것은 열의에 의해 좌우되기보다는 '분위기'에 의해 좌우되는 경우가 대부분이다.

가장 대표적인 것이 페이스북의 사내 제안인 '헤카톤(Hackathon)'이다. 페이스북의 다양하고 혁신적인 기능이 바로 이러한 제안제도에서 나왔다고 한다. 그런데 이 제도의 실행 과정이 참 흥미롭다. 직원들 누군가가 헤카톤을 하자고 하면 사람들이 슬며시 모여들어 수십 명, 때로는 수백 명이 된다. 모두들 피자를 주문하고 그저 사무실 바닥에 털썩 주저앉아 대화를 나누기 시작한다. 헤카톤을 처음 제안한 사람이 자신이 가진 아이디어를 던져놓으면, 그때부터 모두들 활발히 토의하면서 또 다른 제안을 한다. 사실 이러한 제안제도는 회사에서 시키는 것도 아니고, 여기에 참여하지 않는다고 불이익이 주어지는 것도 아니다. 모든 것은 자발적인 참여에 의해 이루어질 뿐이다.

그런데 일단 헤카톤이 시작되면 밤을 새우는 경우도 허다하다. 물론 아주 훌륭한 아이디어가 나왔다고 해서 회사 차원에서 보상이 있는 것도 아니다. 사실 이런 헤카톤이라는 독특한 제도에 대해서는 '정말로 미스터리한 자발성이다'라고 평가하는 사람들도 많다. 아무런 보상도 없는 것에 자신의 시간을 쏟아부으며 에너지를 낭비한다고 볼 수도 있기 때문이다. 그러나 막상 여기에 참여하는 사람들의 이야기를 들어보면 왜 헤카톤이 활성화되고 있는지 알 수 있다. 페이스북 직원들은 이렇게 말했다고 한다.

"열정적이고 똑똑한 직원들과 제안을 하고 그것을 이뤄가는 과정에 참여하면 나 스스로 충전되는 듯한 느낌이다."

"재미있고 뿌듯하다."

그들은 외부의 보상이나 회사의 인사평가 등과 전혀 상관없는 동기, 즉 스스로 발전하고 있다는 느낌과 그것이 재미있다는 분위기를 통해 헤카톤에 참여하고 있다. 그리고 이는 곧 '제안을 쉽게 할 수 있는 문화'를 공고하게 만들어내게 된다.

감사 훈련도 이렇게 제안제도를 활성화시켜주는 문화를 만들어낸다. 회사에 감사하고, 서로에게 감사하니, 그 감사에 보답하기 위해서 더 많은 제안을 하게 된다. 또 그것이 설사 미숙하더라도 상대방은 좋은 제안을 줘서 감사하다고 인사한다. 이러한 마음가짐은 '내 제안이 남들의 비웃음을 사면 어떻게 하지?'라는 걱정과 불안을 줄여주어 또 다른 제안을 할 수 있는 용기를 준다. 더불어 자신이 주변에 선한 영향력을 미쳤다는 생각에 자기충전이 된 듯한 느낌까지 안겨주는 것이다.

창의적인 인재가 절실하게 중요한 지금, 경영자들은 '왜 우리 회사에는 창의적인 인재가 지원하지 않을까' 고민할 일이 아니다. '본질에 대한 깨달음'으로 인도하는 관찰력을 높일 수 있도록 감사 훈련을 지속하고 서로 충분히 토론하며 제안하는 분위기를 잘 만들어줄 필요가 있다. 더불어 처음부터 제안제도가 활성화될 것이라는 무리한 기대를 하면 안 된다. 과도한 기대는 실망으로 이어지고, 결국 직원들에 대한 불신을 낳을 수도 있다.

따라서 무조건 직원들에게 아이디어와 제안을 독려할 것이 아니라, 그것이 가능하도록 토대부터 만들어주어야 한다. 이는 농부의 일이 씨앗을 뿌리고 그것을 관리하는 것만이 아니라, 땅이 근원적으로 생명의 기운을 가질 수 있도록 북돋워야 하는 것과 마찬가지이다. 그런 점에서 다양한 제안제도가 실효성을 가지기 위해서는 경영자가 직원들이 열의를 다할 수 있는 문화를 만들어내야 할 것이다.

고객 가치 창출의 원천

"승자의 강점은 타고난 출생, 높은 지능, 뛰어난 실력에 있지 않다.
그것은 바로 소질이나 재능이 아닌 오직 태도에 있다.
태도를 보면 그 사람의 성공을 가늠할 수 있는데,
이런 태도는 아무리 많은 돈을 주어도 살 수 있는 것이 아니다."

데니스 웨이틀리(Denis Waitley, 능력개발연구가)

본질적인 면에서 기업을 운영하는 것은 곧 '고객 가치 창조 과정'이라고 할 수 있다. 고객 가치(customer value)란, 고객 입장에서 얻어지는 효용의 크기를 말한다. 즉 비용의 지불이라는 희생을 감수하면서 얻어지는 만족도라고 할 수 있다. 기업이 끊임없이 더 퀄리티 좋고 더 차별화된 제품을 만들려고 하는 이유는 바로 여기에 있다. 또한 이것은 고객이 끊임없이 가치 높은 곳으로 이동하려는 속성을 가지고 있기 때문이기도 하다. 따라서 경영자들 역시 고객 가치를 더욱 높이기 위해 다양한 방법을 강구한다.

그런데 많은 경영자가 한 가지 잊고 있는 사실이 있다. 그것은 바로 고객 가치 창출의 원천이 무엇이냐는 점이다. 물론 대부분 탁월한 기술, 뛰어난 아이디어, 높은 숙련도가 만들어내는 결과물이라고 답할 것이다. 그러나 이 모든 것이 가능하려면, 종업원의 정직과 겸손, 성실과 근면함이라는 인성이 필요하다.

문제 해결의 기초는
인성이다

조직 운영의 대원칙 중 하나는 바로 '협력'이라고 할 수 있다. 매일 아침 출근해서 정해진 공간에 직원들이 모이는 것도 사실은 보다 원활한 협력을 위해서라고 할 수 있다. 만약 기업 내에서 이렇게 협력할 필요가 없다면 굳이 한 공간에 모일 필요도 없을 것이다. 각자 알아서 일하고 그 결과물을 보고하기만 하면 되기 때문이다. 그렇지만 제아무리 똑똑한 사람이라도 고객의 니즈와 문제를 혼자서 해결할 수는 없다. 바로 여기에서 협력이라는 기본적인 필요성이 제기되는 것이다.

그런데 사실 사람과 사람이 협력하게 하려면 여러 가지 노력이 전제되어야 한다. 공통의 목표가 있어야 하고, 목표 성취에 따른 보상도 있어야 한다. 더불어 미래에도 안정적인 생활을 유지할 수 있다는 비전까지 있다면, 사람들은 서로 협력하게 된다. 그렇지만 이러한 외부적인 조건만 갖춰진다고 협력이 잘 이루어질까?

사실 외부적인 조건보다 더욱 중요하고 결정적인 것은 바로 직원 개개인이 가지고 있는 인성(人性)이라고 할 수 있다. 특정한 사람이 어떤 성품을 가지고 있느냐의 문제는 협력을 위한 가장 중요한 기초라고 할 수 있다. 특히 그중에서도 정직과 겸손, 성실과 근면함이라는 인성은 협력하는 데 대단히 중요한 문제이다.

우선 자신이 완벽하지 않다는 사실을 인정하고 늘 배우려는 사람이 있다고 하자. 그가 가진 겸손은 협력에 잘 맞아 떨어지는 덕목이다. 오만한 사람들과 협력이 잘 되지 않는 것은 그들은 더 이상 무엇인가를 배우려 하지 않기 때문이다. 그들은 협력의 덕목보다는 자신의 생각을 고집할 가능성이 더욱 높다.

성실과 근면도 마찬가지다. 협력을 통한 고객 가치 창출이란 그저 몇 시간, 혹은 며칠 간 함께 일한다고 해서 이뤄지는 것이 아니다. 수개월 동안 집요하게 집중하고 계속해서 서로 보완해나가는 성실과 근면의 시간이 보장되지 않으면 창의적인 결과는 요원하다.

국내 대기업은 물론 세계 유수의 기업들이 직원을 채용할 때 '인성 면접'을 본다거나, 끊임없이 인성 평가 툴을 만들려고 하는 것도 바로 이런 이유이다. 겉으로 보기에 인성은 잘 드러나지 않는 내면의 속성이지만, 실제 막상 일과 업무에 돌입하다보면 해당 직원이 가지고 있는 기술이나 노하우도 보다 강한 힘을 발휘하게 된다. 따라서 경쟁력 있는 기업들은 곧 '경쟁력 있는 인성을 가진 직원'을 채용하려고 하지만, 이것이 그리 쉽지만은 않다.『바보들은 항상 남의 탓만 한다』의 작가, 존 밀러(John Miller)는 이렇게 이야기했다.

"우리는 직원을 채용할 때 기술과 배경, 그리고 교육을 잣대로 삼는다. 그런데 직원을 해고할 때는 거의 '언제나' 그 사람의 됨됨이를 문제 삼는다. 직원 채용에 관한 한 우리는 거꾸로 하고 있다."

감사를 습관으로
만드는 마법 노트

따라서 경영자들은 현재 조직원들을 '인성이 훌륭한 인재'로 키워내기 위해 노력해야 한다. 이를 위해서는 감사 훈련이 큰 도움이 될 수 있다. 애초에 다소 부족한 인성을 가진 직원이라도 지속적으로 감사 훈련을 하면 인성이 발달하고, 이것이 직원 간의 협업을 가져와 결국 고객 가치 창출로 이어지기 때문이다. 얼핏 보면 '개인의 인성'과 '고객의 가치'는 큰 연관성이 없어 보이지만, 그 내부적인 맥락에서는 거의 결정적인 요소라고 해도 과언이 아니다. 감사할 줄 알고, 감사할 것을 찾아내는 직원들은 스스로 늘 겸손과 정직이 습관화될 수밖에 없으며, 이는 고객을 대하는 태도에서 그대로 드러난다. 이는 단순히 서비스업에서의 '접객 태도'만을 의미하는 것이 아니라 모든 업무를 진행할 때 '고객'을 어떻게 생각하느냐와 관련이 깊다. 엔지니어도 고객을 대하는 태도에 따라서 기술 개발 방향이 달라지는 경우가 많다.

실제로 우리 회사에서는 '마법 노트'를 통해서 이러한 감사를 습관화하고 있다. 특별히 제작한 일기 노트를 주면서 '감사 일기'를 적도록 했으나 처음에는 반응이 신통치 않았다. 젊은 직원들은 스마트폰이 일상화되어 있어서 노트와 볼펜으로 뭔가 적는다는 것 자체가 습관화되어 있지 않다. 따라서 감사일기 애플리케이션을 만들어 '마법 노트'라고 이름 붙였다. 그리고 여기에 SNS 기능을 추가해 동료들과 소통할 수 있도록 했다. 이메일을 추가하면 친구 등록이 되고 레벨(등급) 시스템을 도입해 마법 노트를 많이 작성할수록 레벨이 올라가도록 했다. 비록 간단한 애플리케이션으로 보일지 모르지만, 여기에 참여하는 직원들은 자신의 마음 내부로부터 변화되는 것을 느꼈다고 말한다. 실제 생생한 직원들의 목소리에서 그것을 감지할 수 있었다.

"모든 일에서 불합리한 부분들을 불평하기보단 긍정적으로 수긍할 수 있는 여유가 생겼음을 느끼고 있습니다. 동료들도 한층 밝아진 모습을 볼 수 있고, 아내와 아이들에게도 평소 자주 쓰지 않던 감사와 고마움이란 단어를 많이 쓰고 있습니다."(Display BU 장비 관리 그룹, 신병남 대리)

"'감사합니다'라는 표현은 일상생활에서 자신에게 표현하지 않는 말입니다. 내가 아닌 다른 누군가에게 표현하기에 상대를 존중하고 동료들과 좋은 유대관계를 형성하게 합니다. 요즘 사람들은 개인주의 성향이 강한데 감사를 통해 '혼자'가 아닌 '우리'라는 생각을 갖고 배려와 존경심을 갖게 된다면 업무에 큰 성과를 거둘 수 있을 것입니다."(EM본부 품질보증 그룹, 백성욱 주임)

"감사 편지를 쓰면서 느낀 것은, 우선 저 자신이 주위 사람에게 관심을 갖고 대한다는 것입니다. 감사 편지는 나 스스로 성찰의 자세를 지니고 되도록 상대방 입장에서 현실을 보게 합니다. 그뿐만 아니라 감사 편지는 직장 내 화합을 이루게 해 업무 효율성까지 높이는 역할을 톡톡히 한다고 생각합니다."(CMC R&D 그룹, 윤해진 대리)

"감사 편지 쓰기를 실천하면서 가장 큰 변화는 제 사고방식이 긍정적으로 변했다는 것입니다. '뭐든지 할 수 있다'는 근거 없는 자신감은 아니고요. 예전에는 어떤 원인에 대하여 감사하는 수준이었다면, 지금은 그럼에도 불구하고 감사하는 마음이 조금씩 생겨나고 있습니다. 얼마 전 운전을 하다 제 과실로 가벼운 접촉사고가 난 적이 있는데, 사고를 후회하고 자책하기보다는 '가벼운 접촉사고라서 감사합니다', '원래 조금 상처나 있던 부위에 사고 나서 감사합니다', '가족과 함께 있을 때가 아닌 혼자 있을 때 사고 나서 감사합니다'라는 말을 떠올리면서 '인간 유현국 많이 변했구나' 생각했습니다. 이런 긍정적인 생각들 덕분에 사고에 대한 찜찜함을 금방 잊을 수 있었습니다."(SOL VR본부, 유현국 과장)

긍정적 사고방식, 동료에 대한 관심, 변화되는 삶에 대한 기쁨, 상대에 대한 배려, 업무 효율 증대……. 그들은 모두 자기 자신의 인성이 근본적으로 바뀌고 있음을 고백했으며, 과거와 전혀 다른 자신을 발견해나가고 있다. 마법 노트의 힘은 그야말로 마법에 가까울 정도라고 해도 과언이 아니다.

사람은 늘 변화 가능성을 가지고 있고, 그 변화를 달성하게 하는 것이 경영자의 책무이다. 그런 점에서 '감사'를 통한 근본적인 인성의 변화는 자기계발에서 가장 중요한 실천 중 하나가 될 수 있을 것이다. 이러한 직원들의 자기계발은 곧 인성의 강화와 고객 가치 창출로 이어지기 때문에 분명 회사에도 이익이 될 수밖에 없다.

이런 점에서 경영자들은 직원들을 바라보는 관점을 수정할 필요가 있다. '그가 얼마나 능력이 있느냐', '얼마나 일을 잘하느냐' 하는 관점도 중요하지만, '얼마나 훌륭한 인성을 가지고 배움에 열중하고 협업하며 고객을 사랑할 줄 아느냐'도 중요하다.

PART 2

구성원의 성장은
위기를 기회로 만든다

회사란 직원들이 가진 마음과
능력의 총합이다

직원들에게 제공되는 각종 교육과 훈련들은 기업의 경쟁력을 높이는 소중한 원천 재료라고 할 수 있다. 특히 그것은 인간이 기본적으로 가지고 있는 잠재력을 이끌어내 직원들 개개인을 발전시킨다는 점에서 회사와 직원 모두가 승리하는 게임이기도 하다. 그렇지만 이러한 교육과 훈련들을 단지 '경쟁력 강화'라는 차원에서만 바라보아서는 안 된다. 그보다 먼저 '사람을 발전시켜야 한다'는 관점이 철저하게 전제되어야 한다. 회사를 구성하는 직원들이 '전반적인 발전'을 할 수 있을 때 기업의 경쟁력도 '전반적인 선순환'을 할 수 있기 때문이다.

구성원이 새로운 가치를
발견하게 하라

―――――

"좋은 사람을 만나는 것은 신이 내린 축복이다.
그 사람과의 관계를 지속시키지 않으면 축복을 저버리는 것이다."

데이비드 패커드(David Packard, HP 창업자)

경영자와 직원의 입장은 근본적으로 차이가 있다. 경영자는 스스로 창업자의 길을 걸어 험난한 세월을 이겨온 만큼 자부심이 강하고 애사심이 깊을 수밖에 없다. 또한 월급을 주는 입장이다보니 경제적인 관점에서 직원을 볼 수밖에 없다. 극단적인 경우에는 직원들을 부속품 보듯 하는 경우도 있고, 직원이 제공하는 노동력을 돈으로만 따지는 경우도 있다.

그렇지만 경영자가 직원을 어떤 관점과 시선으로 보느냐에 따라 회사 전체의 분위기가 완연히 달라지고, 이것은 기업의 성과에도 영향을 미치게 마련이다. 이것은 '리더십'과 또 다른 차원의 문제이다. 어느 누군가가 다른 누군가를 이끌어가는 방법론의 문제가 아니라, 그 방법론 자체까지 만들어내는 근본적인 태도와 자세의 문제이기 때문이다.

구성원을 포용하는 진정한 리더십

지금까지 많은 경영학자와 CEO들이 전해온 경영 기법들이 한동안 각광받다가 사라지곤 했다. 그리고 또다시 새로운 이론으로 대체되면서 바람을 일으키기도 했다. 이러한 유행과 도태의 순환에는 다양한 원인이 있을 것이다. 그중 가장 중요한 한 가지는 바로 그 이론들이 '제로섬 생존 게임' 성격을 띠고 있다는 점이다. 직원들의 땀과 노력을 쥐어짜야 성과가 나오고, 그것이 회사와 경영자의 부(富)를 키운다는 근본 전제가 있었다는 이야기이다. 이렇게만 보면 직원은 부속품의 지위를 벗어날 수 없고, 그 '부속품들의 행복'은 별로 고민할 필요도 없다. 부속품은 또 다른 부속품으로 대체하면 그만이기 때문이다.

그러나 이것은 직원들에게만 손해가 되는 일이 아니다. 부속이 계속해서 바뀌면 기계가 원활하게 운전되기 힘들다. 오래된 기계는 비록 낡긴 했지만, 각 부속의 조합은 마치 장인의 손길처럼 원활하다.

서로 잘 맞물리는 것은 물론, 돌출되었던 부분들이 자연스럽게 마모되면서 최적화된 운전이 가능하다. 그리고 이 모든 것을 이끌어가는 사람이 바로 경영자이다.

따라서 경영자는 직원들을 단순히 노동력을 제공하는 사람으로, 혹은 막 대해도 되는 부하로 보아서는 안 된다. 경영자는 특정한 기간 그 직원과 그 직원의 삶을 위임받아 온전히 책임질 의무를 지니고 있는 것이다. 이런 소중한 만남을 이어가기 위해서 '위임받은 자'는 몇 가지 중요한 태도를 가져야 한다.

아기를 낳은 부모들이 그에 합당한 책임을 지고, 아이의 생명을 키우는 자세와 태도를 갖춰야 하듯, 경영자도 마찬가지이다. ▲거울이 되어 솔선수범해야 하고 ▲직원을 마치 종이 주인을 대하듯 존중하며 ▲항상 직원들의 성장을 위한 필요를 채워주어야 하고 ▲위협적으로 명령해서는 안 되며 ▲절대로 비하나 모욕, 오만한 태도를 취하면 안 된다.

네패스에서는 최고 경영자부터 이후 모든 팀의 리더들이 이러한 위임받은 자의 자세인 'The Top 5 Qualities of A Good Leader'의 자세를 요구받고 있다. 이러한 자세는 그저 도덕적인 선(善)만을 추구하기 위한 것이거나 경영자로서의 사회적 책임만을 강조하기 위한 것이 아니다. 이것이야말로 회사를 움직이고 직원들과 함께 새로운 가치를 만들어나가는 진정한 리더십이다.

모두가 이기는
윈윈 게임을 하라

'경영의 신(神)'으로 불리는 마쓰시타 고노스케(松下幸之助) 회장이 구내식당에서 식사할 때였다. 그날 메뉴는 비프스테이크였다. 그러나 식사를 거의 하지 않은 그는 식당을 떠나기 전에 주방장을 불러달라고 했다. 누구나 회장의 의도와 앞으로 벌어질 상황을 뻔히 예상할 수 있었다. 음식이 맛없어서 거의 먹지 못했으니 혼내기 위해 주방장을 부른다고 짐작했던 것이다.

주방장이 오자 그는 이렇게 말했다.

"오늘 당신이 만든 음식은 아주 훌륭했지만, 마침 속이 좋지 않아 나는 조금밖에 먹지 못했습니다. 혹시 내가 남긴 음식을 보고 당신이 불편해할까봐 이렇게 불렀습니다."

마쓰시타 고노스케 회장은 진심으로 직원들을 존중하고 마치 직원을 '주인 대하듯' 행동했다. 이러한 행동을 본 사람이라면 누구라도 그에게 존경과 감사의 마음을 갖지 않을 수 없다. 그리고 이에 대한 반대급부로 직원들은 당연히 회사와 자신의 일에 대한 충성심을 갖게 마련이다.

세계 3대 화장품 회사 중 하나인 미국의 메리케이사(社)는 10억 달러의 연매출을 올리고, 전 세계 37개국에서 190만 명의 뷰티 컨설턴트를 양성하고 있다. 그런데 이곳에서는 직원을 대하는 데 아주 특별한 '골든 룰 경영 원칙'을 실천하고 있다. 그것은 바로 '남에게 대접받고 싶은 대로 먼저 남을 대접하라'는 것이다.

이 회사는 해외 출장 시 직원들이 비행기를 탈 경우 1등석 탑승을 권하는 것은 물론, 뷰티 컨설턴트들이 미국 본사를 방문할 때면 레드 카펫을 준비하기도 한다. 한국적 정서로 본다면 좀 과하다 싶을 정도지만, 이러한 골든 룰 경영은 확실한 성과를 이뤄내며, 전 직원을 하나로 단결시키는 큰 힘을 발휘하고 있다. 또한 메리케이 회장은 직원들의 사소한 이메일에도 직접 회신하는가 하면, 작은 제안도 결코 무시하지 않는다. 그녀는 자신의 이런 경영철학에 대해 이렇게 이야기한 적이 있다.

"그들이 중요한 사람이라는 것을 일깨워라."

마쓰시타 고노스케 회장과 메리케이 회장의 공통점은 바로 직원을 소중히 대한다는 것이다. 전체를 위한 부속품이 아닌 한 명 한 명을 개별적인 주체로 인정하고, 회사에 대한 그들의 헌신을 존중한다. 물론 어떤 경영자들의 생각은 다를 수 있다. 내가 월급을 주고 일을 시키는데 왜 그것을 '헌신'이라고 부르며, 내가 만든 회사에서 일하는 사람이 왜 '존중'받아야 하느냐고 반문할 수도 있다.

그러나 사람들은 스스로 대접받는 곳에서 최선을 다하고, 자신을 인정해주는 사람을 더욱 성심껏 대한다. 회사가 자신을 소중히 대한다고 생각하는 직원은 당연히 회사를 소중히 여긴다. 경영자가 고개를 숙이면 직원은 경영자에게 마음을 열게 된다. 이것은 제로섬 게임의 정반대, 즉 모두가 이기는 100퍼센트 윈윈 게임이기도 하다.

네패스의 인재상은 바로 '쓰임받는 사람, 존귀함을 받는 사람, 감사가 넘치는 사람'이다. 이것은 그냥 책상 위에서 지어진 문구가 아니다. 경영자와 직원의 관계에 대한 매우 중요한 통찰 가운데 하나이다. 또한 그것이 어떻게 경영의 근본 원리가 되는가에 대한 철학이기도 하다.

경영자는 결코 회사의 주인이 아니다. 물론 스스로 창업 과정을 거쳤기에 회사를 '내 것'이라고 생각할 수도 있다. 그렇지만 규모가 조금만 커져도 회사의 주인은 직원이 되며, 회사는 사회적 자산의 일부가 된다.

아무리 작은 구멍가게라도 동네 주민들의 생필품을 공급하는 이상, 중요한 역할을 수행한다고 보아야 한다. 그저 잠시 위임받았다고 생각하면, 스스로의 욕심을 줄여주고, 그 욕심이 들어설 공간에 소중한 직원을 담게 된다. 그리고 이를 통해 경영자는 직원들을 언제 어디서나 쓰임받는 사람으로 성장시켜, 궁극적으로 더욱 높은 가치를 지닌 회사를 만들어낼 수 있을 것이다.

심리 자본과 경영 자본이
회사의 중심이다

경영의 3대 요소 중 하나는 바로 자본(capital)이다. 모든 비즈니스는
일단 자본이 있어야 시작할 수 있다. 자본은 많으면 많을수록 좋다고
생각할 수도 있지만, 실제로는 자본의 건강성이 상당히 중요하다. 자
칫 투기자본이 개입하거나 부실한 자본이 들어올 경우에는 아무리 회
사의 내용이 좋아도 궁극적으로 장기적인 성공을 담보하기가 어렵기
때문이다.

그런데 이런 건강한 자본은 회사의 경영에만 필요한 것이 아니라,
그 회사를 움직이는 직원들의 마음에도 필요하다. 직원들의 심리와
정서를 근저에서 떠받치고 있는 이 심리적 자본(psychological capital)이
얼마나 건강한가 하는 문제는 장기근속의 문제, 동기 유발의 문제, 조

직 내 인간관계의 문제와 연관되어 있다. 결과적으로 이러한 심리적인 자본은 실제 경영상의 자본과 결합되어 회사의 중심을 잡아주는 핵심축 역할을 하게 된다.

수동적 동기 유발과
자발적 동기 유발

경영자들이 회사에서 가장 많이 신경 쓰는 것은 '성과'이다. 그러나 성과에 지나치게 집착하면, 그 과정이야 어찌 됐든 성과만 좋으면 된다는 결과론적 사고를 하게 된다. 특히 현실적으로 경영자들이 늘 현장에만 있을 수는 없으므로 현장과 어느 정도 유리되어 있고, 그 결과 현장 상황을 속속들이 알 수 없다. 그러다보니 힘들게 일하는 직원들의 땀방울을 먼저 생각하기보다 외형적으로 보고되는 결과에 더 관심을 쏟는 경우가 많다. 그러나 경영자들의 이런 편향된 생각은 그 성과를 오히려 악화시키는 결과를 가져온다. 성과에 대한 집착이 성과를 악화시키는 아이러니한 상황에 처하게 되는 것이다. 이는 경영자들이 직원들의 마음속을 바라보지 못할 때, 그리고 무엇이 그들을 움직이고 있는지 관심을 쏟지 않을 때 생겨나는 현상이라고 할 수 있다.

사실 직원들은 하루하루 매우 복잡한 상황 속에서 다양한 스트레스를 받고 있다고 봐야 한다. 빠른 변화와 치열한 경쟁, 미래에 대한 불안감 등이 그 원인이다. 이러한 상황에서 근로자는 걱정과 쪼들림, 조급함과 불안감을 경험하게 된다. 이는 애사심과 집중력을 떨어뜨림으로써 업무 성과를 저하시키고 동시에 삶에 대한 애착에 영향을 미쳐 행복감마저 떨어뜨린다. 직원들에게 동기 유발이 필요한 것은 바로 이런 점들 때문이다. 긴장과 휴식이 선순환적으로 반복되어야만 균형 잡힌 삶이 가능하듯, 스트레스에 찌든 근로자들에는 동기 부여라는 신선한 자극제가 지속적으로 필요하다.

그런데 이 동기 부여 방법에는 두 가지가 있다. '수동적 동기 유발'과 '자발적 동기 유발'이 그것이다. 수동적 동기 유발은 일반적으로 급여나 인센티브, 복지나 승진이 주요 요인이 된다. 이는 한 개인이 마음속에서 스스로 만들어내는 것이 아닌 '외부적 보상'이라는 특징을 가지고 있다. 물론 이러한 동기 부여도 효과가 있지만 어느 시점이 되면 성과가 일정 수준 이상을 넘어서지 못하는 것이 단기적인 한계이다. 동일한 물질적 보상을 반복적으로 받다보면 어느 순간부터는 그다지 큰 효과를 발휘하지 못하기 때문이다.

두 번째 자발적 동기 유발은 바로 한 개인이 가지고 있는 심리적 자본에 의한 것이다. 여기에는 자기 만족감, 성취 동기, 일과 삶에 대한 주도성이 자리 잡고 있으며, 이러한 눈에 보이지 않는 동기 유발은 궁극적으로 목표에 대한 초과 달성과 창의적 성과를 만들어낸다. 경영자들이 계속해서 직원들의 마음속으로 한 걸음 더 들어가려는 노력을 멈추지 말아야 하는 이유가 바로 이런 것들이다. 회사의 매출이 전부가 아니다. 무엇이 직원들을 움직이는지, 그들의 마음을 지배하고 있는 심리적 자본이 얼마나 건강한지 신경 쓰지 않으면, 결국 그 매출도 얼마 가지 않아 한계 상황에 직면할 수밖에 없다.

긍정자본지수를
높여라

경영자들이 직원들의 심리 자본에서 무엇보다 주목해야 할 부분은 그들이 현재 가지고 있는 동기 유발이 어떤 종류의 것이냐는 점이다. 명령, 강압, 인사고과가 그들을 움직이는지, 아니면 회사의 중요성에 대한 각성, 회사와 함께 원원하려는 정신이 그들을 움직이는지 들여다봐야 한다는 점이다. 전자의 것들이 현재 직원들을 움직이는 근본적인 동력이라면 경영자들의 장기적인 지속 성장 과정에서는 한계에 부딪힐 수밖에 없다. 외적인 보상을 끊임없이 높여줄 수도 없을뿐더러,

직원들은 조금이라도 더 나은 외적 보상을 해주는 곳이 있다면 주저없이 떠날 것이다. 반면 회사와 미래를 함께하려는 직원들은 외부적인 요인 때문에 회사를 떠나지는 않는다. 그들에게 회사는 앞으로 인생을 함께할 동반자이며, 든든한 파트너이기 때문이다.

이러한 내부 동기 유발과 함께 또 하나 주목해야 할 것은 그 동기들이 만들어내는 '상승과 연쇄 효과'라는 부분이다. 이것은 하나의 작은 성과가 더 큰 성과를 불러내고 그것이 다시 도약대가 되어 더욱 큰 성과를 부르는 것을 의미한다. 마치 '나비효과'와도 비슷하다. 브라질에 있는 나비의 자그마한 날갯짓이 미국 텍사스에서 태풍을 발생시키는 원리이기도 하다.

미국 노스캐롤라이나 대학교 심리학 교수인 바버라 프레드릭슨(Barbara Fredrickson)은 이것을 '나선형 상승 효과'라고 말한다. 심리적 자본 안에서 발생하는 최고의 긍정적 정서가 사고와 행동의 확장을 가져오고, 이것이 신체적, 심리적, 사회적 효과를 연쇄적으로 불러온다. 신체적으로는 건강을 증진시키고, 심리적으로는 스트레스와 우울증에 대처하는 힘이 강해지며, 사회적으로는 인간관계와 주변의 도전적인 상황에 대해서 보다 유연하게 대처할 수 있게 된다. 또한 이것을 통해 새로운 지식에 대한 수용과 탐구 욕구가 자극되고, 자연스럽게 새로운 기술과 지식을 발견해 자신의 것으로 구축하게 되는 것이다. 인간의 심리적 자본에서도 '부익 부 빈익빈'과 같은 현상이 발생한다. 긍정이 긍정을 부르고 행복이 행 복을 부르는 것이다.

우리는 직원들의 심리적 자본을 강화하기 위해 '긍정자본지수'라는 것을 개발했다. 물론 이것이 우리만의 독자적인 것은 아니다. 이미 미 국 네브래스카 경영대학 석좌교수인 프레드 루선스(Fred Luthans) 등이 지은 『긍정심리자본』이라는 책에서 긍정지수를 측정하는 법을 발표 했고, 다양한 관련 논문들이 쏟아져나오면서 후속 연구가 진행되고 있다.

네패스는 프레드 교수의 긍정자본지수를 우리 입장에 맞춤화하여 활용하고 있다. 이것은 인지적, 정서적, 행동적 기준으로 구성되어 있 다. 이 세 가지 분야의 지수를 각각 개인과 그룹별로 측정해 종합한 결과가 긍정자본지수가 되는 것이다. 이를 위해 다채로운 설문 문항 을 만들어 테스트를 거듭하며 그 정확성과 적절성을 보완했다. 이러 한 긍정자본지수 덕분에 우리는 각 부서마다 감사가 얼마나 활성화되 어 있는지 좀 더 구체적으로 측정할 수 있게 되었고, 그 결과에 따라 감사 활동을 부서마다 단계적으로 나누고, 좀 더 계획적으로 실천할 수 있게 되었다. 특히 2015년 현재 실제 긍정자본지수는 5점 만점에

3.7점으로 꽤 높은 점수를 상회하고 있다.

이제 경영자들은 기업을 하나의 유기체로 보아야만 한다. 경제적 자본만 볼 것이 아니라 직원들의 심리적 자본까지 함께 보아야 하는 것이다. 눈에 보이는 숫자 지표는 사실 표면적인 것에 불과하다. 그것을 만들어내기까지 직원들이 흘린 땀과 노력을 봐야 한다. 지금 자본이 건강하기 위해서는 그것을 떠받치고 있는 직원들의 심리적 자본을 보살펴야 하고, 지금 건전한 조직문화를 뿌리내리고 싶다면 그것을 가능하게 하는 직원 개개인의 정서와 문화를 돌봐야 한다. 기업의 모든 것을 다시 직원들의 심리적 자본 형태로 환원시키는 관점이야말로 직원들의 동기 부여를 바라는 모든 경영자가 가져야 할 자세일 것이다.

나의 감사도 Check!

아래 7점 척도 기준을 참고하여 각 진술 문항에 대한 자신의 생각과 가장 비슷한 수치를 적는다.

1. 전혀 아니다   2. 아니다   3. 그렇지 않은 편이다   4. 보통이다
5. 그런 편이다   6. 그렇다   7. 매우 그렇다

---

1. 나는 감사해야 할 것이 아주 많다. (   )
2. 만일 내가 고맙게 여기는 것들을 모두 작성하면 아주 긴 목록이 될 것이다. (   )
3. 세상을 둘러볼 때, 내가 고마워할 것이 별로 없다. (   )
4. 나는 각계각층의 많은 사람에게 고마움을 느낀다. (   )
5. 나이가 들수록 내 삶의 일부가 되어온 사람, 사건, 상황들에 감사하는 마음이 더 커지는 것을 느낀다. (   )
6. 오랜 시간이 흐른 뒤에야 비로소 나는 사람이나 일에 고마움을 느낀다. (   )

- 아래 기준에 따라 점수를 계산한다.
  1. 항목 1, 2, 4와 5의 점수를 합산한다.
  2. 3과 6의 점수를 역산한다. 7점이라 적었으면 점수는 1이 되고, 6이라고 적었으면 점수는 2가 되는 방식이다.
  3. 항목 3과 6을 역산한 점수를 1번의 합계와 더한다.

- 아래 기준에 따라 자신의 상대적 위치를 점검해본다. (spirituality and health라는 웹사이트 회원 1,224명 표본집단 기준)
      42점: 최상위 13% 수준   39~41점: 상위 25% 수준
      36~38점: 하위 50% 수준   35점 미만: 하위 25% 수준

하는 일에 의미를 부여하라

―――――

"자기가 좋아하는 일을 추구하기보다는 자신에게
주어진 일을 좋아하는 것에서부터 시작하라.
지금 하고 있는 일이 좋아지도록, 사랑하도록 끝없이 노력하라.
그러면 자신도 모르게 어느 순간 인생이 풍요로워지고
더없이 그 일을 사랑하게 될 것이다."

이나모리 가즈오(稻盛和夫, 경영인)

경영에서 가장 중요한 것은 '펀더멘털(fundamental)'을 튼튼히 구축하
는 일이다. 이는 한 기업이 가지고 있는 본질적인 체력을 의미한다.
초석이 튼튼해야 집이 오래가듯, 회사도 펀더멘털이 강해야 지속 가
능하다. 그런데 이 기본 체력의 핵심은 바로 '직원들의 생각, 마음, 정
서'로 요약된다. 매일 혼신의 힘으로 노력하는 직원들에 의해 결국 기
업이 존속하고 발전하기 때문이다.

　새로운 기술을 통해 고객 가치를 창출하는 일도, 보유 자원의 한계
를 극복하는 아이디어도, 경쟁사를 극복하기 위한 새로운 전략도 결
국에는 직원들의 머리와 마음에서 나온다. 따라서 훌륭한 경영을 한
다는 것은 곧 회사 구성원인 직원들의 생각과 마음을 훌륭하게 관리

하는 것을 의미한다.

그러나 이것은 단순한 '인재 관리' 차원만이 아니다. 우수하거나 스펙이 좋은 직원을 뽑고 그들이 일을 잘하게끔 주변 환경을 관리해주는 것이 전부는 아니기 때문이다. 이는 직원들 스스로가 자신에게 동기를 부여하고 끊임없는 발전 의지를 갖추도록 하는 것을 말한다. 이러한 동기 부여를 위해 가정 먼저 해야 할 일은 직원들이 '나는 왜 일을 하는가?'라는 질문에 스스로 대답하게 하는 것이다.

노동자가 아닌 전문가가 되라

삶은 곧 일이다. 그것은 단순히 '돈을 번다'는 의미가 아니다. 일은 삶의 핵심 구성 요소 중 하나이고, 기쁨과 자유를 누리게 하는 축복의 일부이며, 자신의 특별한 재능을 파악하는 중요한 통로이기 때문이다. 더불어 사람은 일을 통해 존엄과 고귀함, 그리고 자유를 느끼게 된다. 그래서 일이 박탈된 이후 삶이 피폐해지는 사람들을 흔히 보게 된다.

더 나아가 자신의 일에 의미를 부여하지 못하면 내면적으로 심각한 상실감을 느끼는 것은 물론 공허감이나 불안감에 시달리며, 결국 자신의 존재 가치까지 잃어버리게 된다. 매일 생각 없이 반복적인 일만 수행하는 사람은 그 일 자체도 오래 할 수 없거니와 성과도 제대로 나오지 않아 결국 자존심까지 무너지는 상황이 발생할 수밖에 없다.

매일 출근하는 직원들이 불안과 공허에 시달리고 있다면 어떨까? 그들이 직장에서 행복한 감정을 느끼지 못하고 퇴근 시간만 바라보고 있다면 어떨까? 일의 의미를 찾지 못하는 직원들은 결국 직장을 '돈벌이 장소'로만 여기게 되고, 이는 경영자가 올바른 경영을 해나가는 데 큰 장애물이 될 수밖에 없다.

세계에서 두 번째로 큰 호텔 그룹 '주아 드 비브르 호스피털리티(Joie de Vivre Hospitality)'를 보자. 이름부터 심상치 않은 '삶의 기쁨 호텔 그룹'이다. 이 회사의 경영자인 칩 콘리(Chip Conley)는 독특한 콘셉트의 부티크 호텔로 창립 15년 만에 업계 정상에 등극했다. 그런데 2000년도에 들어서면서 여러 악재를 만났다. 9·11테러, 사스(SARS), IT업계의 침체 등을 겪으면서 자금난에 허덕이자 업계 전문가들은 이제 그의 호텔은 생명이 다했다고 진단했다. 경영자 칩 콘리가 이러한 위기를 타개한 첫 번째 방법은 바로 직원들에게 '일의 의미'를 되살린 것이었다.

"자네가 지난 한 달간 일하면서 겪은 최고의 경험은 무엇인가?"

"우리는 여행자들에게 호텔 서비스를 제공하고 있는데, 그것이 왜 중요하다고 생각하는가?"

이러한 질문들을 통해 직원들은 자신이 현재 무엇을 하고 있는지, 또 무엇을 해야 하는지 고민하게 되고, 스스로 '일의 의미'에 대한 답을 찾아갔다고 한다. 자신이 하고 있는 업(業)의 의미를 깨달으며 자신의 존재 가치를 재발견하고, 이것으로 진정한 일의 기쁨을 되살리기 시작했다는 것이다.

미국의 의료기기 전문 회사인 메드트로닉(Medtronic)은 매 분기별로 전 직원이 모이는 강연회를 개최한다. 그런데 이 강연회에 출연하는 연사는 특정 분야의 전문가도 아니고, 직원들도 아니다. 바로 이 회사의 의료기기를 통해 인생이 뒤바뀐 환자들이 그 주인공이다. 환자들은 자신이 어떻게 메드트로닉의 의료기기를 만났으며, 어떻게 건강해졌는지 이야기한다.

그들의 감동적인 스토리를 들은 많은 직원은 스스로를 단순한 '노동자'가 아닌 '생명을 살리는 기계를 만드는 사람'으로 인식하기 시작했다. '임금을 받고 노동력을 제공하는 사람'이라는 자기인식이 아닌 '생명을 살리는 사람'이라는 자기인식은 일을 대하는 근본적인 태도를 바꾸게 했다. 이것이 일에 대한 흥미, 몰입을 이끌어내면서 직원들의 능력을 높은 수준으로 고양시켰기 때문이다.

흥미와 몰입을
이끌어내라

마크 트웨인(Mark Twain)의 『톰 소여의 모험』에 나오는 톰 소여는 어느 날 말썽을 피워 어머니로부터 집을 에워싼 울타리에 페인트칠을 하라는 벌을 받았다. 그때 친구들이 지나가자 톰 소여의 머릿속에 좋은 아이디어가 떠올랐다. 친구들에게 페인트칠하는 것이 너무너무 재미있다고 말한 것이다. 그러자 친구들은 서로 먼저 하겠다고 나섰고, 심지어 가지고 있던 과일을 톰 소여에게 주면서 자신에게 먼저 기회를 달라고 했다. '톰 소여의 효과'라고 불리는 이 에피소드는 흥미라는 요소가 있다면 벌마저 즐겁게 받을 수 있다는 것을 의미한다.

일의 의미를 안다는 것은 곧 내적 동기와 연결되면서 흥미를 이끌어내고 강렬한 몰입 환경을 만든다. '월급을 받기 위해 일하는 사람'은 자신이 월급 이상의 일을 한다고 생각하게 되면 거기에서 일을 멈춘다. '이 정도면 충분해'라는 생각이 지배하면서 월급 이상의 몰입이 이루어지지 않는 것이다. 반대로 일을 통해서 나와 고객이 얻는 가치를 생각하면 여기에서는 더 이상 '이 정도면 충분해'라는 기준이 적용되지 않는다. 스스로 흥미를 느끼며 일하고, 그 일의 결과로 행복해할 고객들의 모습을 떠올린다면 그때부터 작동되는 기준은 '내가 할 수 있는 최선의 진심과 성의'가 되는 것이다.

이러한 '일의 의미'와 그것이 내면적으로 어떤 변화를 일으키는지 알려주는 가장 대표적인 사례는 바로 『우체부 프레드』라는 책에 등장하는 프레드다. 그는 사소하게 지나칠 수도 있는 일에 진정성 있는 마음으로 최선을 다한다. 우편을 배달해야 하는 집이 비어 있을 때 자신이 보관했다가 주인이 돌아오는 날짜에 챙겨주는가 하면, 고객의 집 앞을 청소해주기도 하고, 택배 회사가 실수로 잘못 배송한 물건까지 챙겨서 주인에게 가져다주기도 한다. 쉬는 날에도 마을을 돌아다니며 사람들의 안부를 묻거나 새로 이사 온 사람에게 먼저 인사를 건넨다. 우리가 주목해야 할 점은 그가 이러한 행동들을 통해서 무엇을 느끼는가 하는 점이다. 그는 이렇게 고백한다.

"다른 사람을 도울 때 얻는 만족감이 내게 자부심을 느끼게 해줍니다."

"순수하게 다른 사람들을 돕는 것이 즐겁습니다."

"우편물을 배달받는 사람들을 웃게 만들 수 있다면 그것이 바로 보상입니다."

"일을 끝내고 집에 돌아갈 때 마을 사람들을 진정으로 돌보았다는 기분을 느끼고 싶습니다."

물론 다른 우체부들이 하지 않는 일을 한다고 해서 월급을 더 받는 것도 아니고, 승진이 빨라지는 것도 아니다. 그러나 그는 타인이 느끼는 행복과 그로 인한 즐거움, 자부심, 행복감을 바라본다. 그리고 그의 이러한 내면 상태는 우체부가 할 수 있는 최선의 일을 '진심과 성의'를 가지고 수행하게 만든다.

하나의 기업이 탄생해 소멸하기까지 30년 정도 걸린다고 알려져 있다. 그러나 이러한 생존 기간은 글로벌 기업이라고 불리는 거대 기업의 경우이다. 중소기업이나 중견기업들의 생명은 더욱 짧을 수밖에 없다. 이러한 사실은 곧 기업이 지속 가능한 창조와 혁신을 하는 과정이 얼마나 어려운지를 단적으로 보여준다. 이 말은 곧 직원들이 창조와 혁신을 할 수 있도록 독려하는 것이 어렵다는 의미이다. 경영자의 강요나 일방적인 독려만으로는 불가능한 일이다. 아무리 앞선 인사고과 체제를 가지고 있어도 한계가 있다. 그러나 직원들이 스스로 나선다면 문제는 쉽게 해결된다. 결국 자발적인 흥미와 몰입, 그것으로 파생되는 기업 자체의 창조와 혁신의 역량은 바로 직원들이 '나는 왜 일을 하는가'에 답하는 것에서부터 시작된다.
이러한 깨달음을 얻기 위해서 경영자는 직원들이 '나는 왜 일을 하는가?'라는 질문에 스스로 대답할 수 있게끔 환경을 조성해야 한다.

이는 곧 직원들 스스로가 자신의 인생을 성찰하는 가운데에서 일이라는 것이 자신에게 무슨 의미를 가지는지, 그것을 정말로 좋아하고 진심으로 받아들이는지, 그것으로 인해 자신이 이루려는 가치가 무엇인지 아는 상태를 말한다. 경영자가 다른 무엇보다 이것을 능수능란하게 해낼 수 있다면, '훌륭한 경영자'라는 칭호가 결코 무색하지 않을 것이다.

창의적 경영이
전부는 아니다

———————

"회의석상에서만 언급되는 창조성은 혁신의 열쇠가 되지 못한다.
이미 아이디어는 기업을 포함한 모든 조직체에 존재하고 있으며
결정만 하면 곧바로 적용될 수 있다."

피터 드러커(Peter Ferdinand Drucker, 경영학자)

경영자들은 회사의 창의성이 직원의 개별적인 창의성에 의존한다고
생각한다. 창의성이란 특정인의 머릿속에서만 일어나는 독특한 과정
이며 외부인은 결코 범접할 수 없는 신기한 과정을 통해 발현된다고
여기는 것이다. 이렇게 본다면 '창의적인 경영'은 그리 어려워 보이지
않는다. 창의적이라고 알려진 인재들을 대거 영입하면 경영이 순탄할
것이기 때문이다. 그렇지만 현실은 결코 그렇지 않다. 아무리 창의적
인 인재를 많이 영입한다고 하더라도 그것이 곧 기업의 발전을 담보
하지는 않기 때문이다.

굿 아이디어는
좋은 분위기에서 나온다

하버드 대학교 경영대학원 교수이자 심리학자인 테레사 아마빌(Teresa Amabile)은 다양한 분야에 종사하는 238명의 직원이 8년간 쓴 일기를 분석한 적이 있다. 무려 1만 2,000건에 달하는 엄청난 양이었다. 이 일기를 분석한 결과, 회사의 창의성이 극대화되는 다양한 조건들이 발견되었다.

그중 하나는 바로 '창의성이 높은 회사는 직원들 간 신뢰도가 매우 높았다'는 점이다. 그러나 사실 이러한 연구결과는 쉽사리 받아들여지지 않는다. 신뢰와 창의성은 서로 전혀 다른 영역에서 작동한다. 신뢰는 관계의 영역이고 창의성은 문제 해결 방식에 대한 영역이다. 또한 신뢰는 타인을 향해 있는 것이고 창의성은 자신을 향해 있다. 영역도 다르고 방향도 다른 이 두 가지 활동이 도대체 어떤 연관이 있다는 것일까? 설사 이것이 사실이라면 정반대 상황도 사실로 증명되어야만 한다. 신뢰가 낮은 조직이 창의성도 낮아야 한다는 의미이다.

아마빌의 연구는 일기를 분석하는 데 그치지 않았다. 그는 전 세계 전자업계에 근무하는 6,000명의 창의력 수준을 측정해 그중에서 창의력 수준이 가장 낮은 회사를 분석했다. 그 결과 특정 회사들에서 상당한 공통점이 도출됐다. 그것은 회사가 꽤 장기간 지속적으로 직원들을 퇴사시켰고, 그 결과 회사 내에서 직원들 간에 극심한 경쟁과 불신이 가득했다는 점이다. 신뢰가 낮은 조직은 창의성도 낮다는 점이 실제로 증명된 것이다.

창의성의 전 단계라고 할 수 있는 아이디어 발현 과정에서도 동일한 연구결과가 있었다. 영국 헨리 매니지먼트 대학의 엘즈페스 맥파진(Elspeth McFadzean) 교수는 브레인스토밍에 대한 아주 색다른 연구결과를 발표했다. 그는 "팀장의 억압적인 분위기에서 진행되는 브레인스토밍 회의는 전혀 쓸모없다"고 단정한다. 창의성이라는 것은 패턴을 벗어나야 가능한데, 팀장이 회의에서 제시한 특정한 의제가 패턴을 고정시키고 '아이디어를 내야 한다'는 강압이 오히려 아이디어 창조에 방해가 된다는 내용이다.

직원들 간의 동료애가
창의력을 키운다

위의 세 가지 사례는 '직원들 간의 관계가 회사의 창의성에 어떤 영향을 미치는가?'라는 질문에 대한 답을 준다. 신뢰와 창의성 문제는 전혀 다른 영역에서 반대 방향을 지향하며 활동하는 것 같지만, 그 이면에서는 긴밀한 연관을 맺고 있다. 사실 창의성이란 완전히 새로운 무엇인가를 만들어내는 일이 아니다. 기존의 것을 융합하고 해체하고 다르게 보는 수많은 반복 과정을 통해서 생겨나는 것이다. 실제 IQ가 좋은 아이들의 창조성을 테스트해봤더니 그 결과는 허망했다. IQ와 창의성은 아무런 연관이 없었으며 끊임없는 인내와 반복이 창의성을 만들어낼 뿐이었기 때문이다.

회사 내에서는 이러한 반복과 인내 과정이 지루한 것은 물론, 개개인의 머리로만 수행하기에는 한계가 있는 작업이다. 이 과정에서 서로 신뢰하는 조직문화는 원활한 의사소통을 위한 기본적인 플랫폼이 되어주고, 조언과 격려, 촉진을 하는 과정에서 회사의 창의성이 강화된다. 수만 대의 컴퓨터가 연결되면 그것이 슈퍼컴퓨터가 되어 작업 효율이 압도적으로 높아지듯, 긍정적 관계 속에서 직원들의 아이디어가 모이고 소통이 활발해지면서 '회사의 슈퍼 창의성'이 싹트는 것이다. 이것은 곧 '직원과 직원 사이의 최적화된 관계'인 그래티튜드가 얼마나 중요한지 보여주는 단적인 사례이기도 하다.

실제 네패스의 그래티튜드 경영 전략 중 가장 중요한 것은 바로 '감사 편지'를 쓰는 일이다. 이렇게 감사 편지를 쓰며 직원들 간의 관계가 개선되자 창의성 역시 상승했다. 이는 감사 편지의 숫자와 회사의 비용 절감액의 상승세가 거의 정확하게 일치되는 것에서 증명된다. 직원들은 감사 편지를 쓰면서 동료들을 고마운 존재로 인식했으며, 따라서 서로의 말을 경청하면서 신뢰를 쌓았다. 이것이 원활한 의사소통으로 이어지고, 더불어 집단지성을 자극해 회사의 창의성을 높이는 결과를 이끌어냈다고 확신하고 있다.

이제 우리 경영자들은 회사의 창의성에 대한 편견을 버려야 한다. 그것은 결코 천재적인 한 개인이 만들어내는 독자적인 결과물이 아니다. 상호 협력적인 신뢰라는 토대 안에서 원활한 의사소통을 통해서만 자라난다. 따라서 회사의 창의력을 키우기 위해서는 직원들 간의 관계 개선부터 시작해야 한다. 창의성은 직원들의 마음속에 이미 숨어 있으며, 경영자들이 해야 할 것은 그 마음의 문을 열어줄 환경을 만드는 일뿐이다.

구성원을 보살피는
경영자가 되라

―――――――

"세상에서 가장 어리석은 일은,
어떤 이익을 위하여 건강을 희생하는 것이다."

에드먼드 스펜서(Edmund Spenser, 시인)

직원들의 신체적 건강은 회사를 떠받치는 물리적 토대라고 할 수 있다. 개인의 능력이 아무리 뛰어나도 건강하지 못하면 아무런 소용이 없다. 몸이 건강해지기 위해 직장에 다니는 것은 아니지만, 건강하지 않으면 직장에 다닐 수 없다. 그런 점에서 경영자들은 끊임없이 직원들의 건강 상태에 관심을 기울여야 한다. 그러나 많은 기업 현장의 상황은 이러한 현실을 거꾸로 되돌리고 있다. 일하는 것이 곧 건강을 갉아먹는 것은 물론, 생명을 단축시키는 최악의 상황을 만들고 있는 것이다.

직원을 혹사시키는
기업은 미래가 없다

미국 스탠퍼드 대학교 경영대학원 석좌교수인 제프리 페퍼(Jeffrey Pfeffer)는 하버드 비즈니스스쿨 조엘 고(Joel Go) 교수와 공동연구 팀을 꾸려 '근무환경과 직장인의 건강'에 대한 조사를 한 적이 있다. 관련 논문 230여 편을 분석한 결과, 오랜 시간에 걸친 고된 노동과 해고에 대한 두려움을 느끼는 직원들의 경우, 건강상 문제가 발생할 확률은 무려 50퍼센트나 높았다. 또한 높은 업무 강도에서 오는 스트레스는 심장 질환은 물론 당뇨병 등 각종 성인 질환을 발생시킬 확률을 35퍼센트 높였고, 그에 따른 치사율은 무려 20퍼센트나 됐다. 직원들이 행복하지 못한 직장에서 일하면 그 자체가 사람을 죽이고 경영을 악화시키는 최대 요인이 된다는 이야기이다. '사람을 죽인다'는 표현이 너무 과격하다고 생각될 수도 있지만, 이것은 엄연한 사실이다.

2009년 스웨덴에서는 지난 10년간 심장병으로 사망한 3,000여 명의 회사원을 추적 조사했다. 그 결과 상사와의 관계가 매우 좋지 않은 사람들은 일반적인 상사를 둔 사람들보다 심장병 발병률이 30~40퍼센트 높았다. 이 정도면 '회사가 직원을 죽인다'고 말해도 결코 과언이 아닐 것이다.

실제 12만 명의 미국 근로자들은 직장에서의 육체적, 정신적 스트레스로 인해 사망 위험에 노출되어 있으며, 이 때문에 미국 정부는 매년 1,300억 달러의 의료 비용을 지출하고 있다. 우리나라 돈으로 150조 원이라는 막대한 금액이다. 직장에서 직원들의 건강을 담보하지 못하게 되면 기업은 물론 국가적으로도 막대한 손실이 아닐 수 없다.

직원이 행복하면 성과는 저절로 따라온다

오랜 시간 동안 고지혈증으로 고생한 경영지원실의 한 직원이 있었다. 그는 식이요법과 운동을 철저히 지켰다. 식사를 할 때도 튀긴 음식이나 고기류는 절대 입에 대지 않았고, 약도 정확하게 시간 맞춰 복용했다. 이러한 노력 덕택에 콜레스테롤 수치가 600에서 200까지 떨어졌지만 그 이하로는 내려가지 않았다. 정상인이 보통 120 정도인 것에 비하면 여전히 높은 상태였다.

그런데 어느 순간 120으로 떨어졌다. 담당 의사 역시 의구심을 가질 수밖에 없었다. 약을 더 먹었거나 아주 특별한 운동, 혹은 식이요법을 하지 않고 그런 결과가 나오기는 불가능했기 때문이다. 그러나 늘 똑같은 방식으로 관리했을 뿐 사실 별것이 아니었다. 특히 의사는 "그냥 약을 평생 친구로 생각하고 살아야 한다"는 말까지 할 정도였기 때문에, 이러한 상황이 더욱 이해되지 않았다. 그 원인을 곰곰이 생각해본 직원은 결국 2013년과 2014년에 실천한 집중적인 감사 훈련 덕분인 것을 깨달았다. 매일 쓴 감사 일기와 감사의 외침이 약과 식이요법, 운동으로도 불가능했던 콜레스테롤 수치를 끌어내렸던 것이다.

물론 그 직원이 이런 말을 하면 주변에서는 잘 믿지 않았다. 어떻게 감사하는 마음을 가지는 것만으로 콜레스테롤 수치를 낮출 수 있느냐는 것이다. 심지어 주변 사람들은 "감사로 몸이 건강해지면, 세상에 아픈 사람이 어디 있겠냐"는 말까지 했다고 한다. 그러나 정작 당사자는 감사 훈련을 한 것 외에는 아무것도 한 것이 없다고 한다. 감사 훈련이라는 변수가 아니면 몸을 건강하게 할 그 어떤 외부적인 요인도 없다는 이야기이다.

그러나 실제 직원의 이야기는 상당한 과학적, 의학적 근거들을 가지고 있다. 정기적으로 몸에 가해지는 정신적 스트레스는 현대인의 면역력을 급속도로 약화시키고, 이것이 신체의 균형을 깨뜨려 질병에 걸리기 쉽도록 하며, 현재 걸린 질병을 잘 낫지 않게 만들기 때문이다. 이 말은 반대로 스트레스를 없애주면 면역력이 향상되고 현재의 질병을 낫게 한다는 의미이다. 고지혈증으로 고생했던 경영지원실 직원이 감사하는 마음만으로 호전되었던 것처럼 말이다.

경영자가 직원들의 건강을 돌본다는 것은 개인의 행복을 증진시켜 준다는 보람은 물론, 회사의 물리적 토대를 더욱 공고하게 한다는 것을 말한다. 많은 회사에서 각종 검사를 실시하도록 하는 것도 이러한 과정 중 하나지만, 경영자는 시스템적인 것을 넘어 배려하는 마음가짐을 가져야 한다. 현재 직원들의 업무 환경이 그들에게 어느 정도 영향을 미치는지 살피고 업무 강도도 확인할 필요가 있다. 무조건 일을 많이 하는 것이 좋은 게 아니라 건강하게 조절하며 일할 때 더 질 높은 성과를 낼 수 있기 때문이다.

자존감을 높이고 삶의 질을
충만하게 하라

경영과 봉사는 서로 상반된 이념의 영역에 속해 있는 것처럼 보이는 것이 사실이다. 경영이란 명확하게 '이윤을 남기는 행위'지만 봉사란 '이윤과 전혀 상관없는 행위'이기 때문이다. 따라서 흔히 기업에서는 이미지 개선을 위한 도구로 봉사를 강조하는 경우가 많다. 이런 경우에는 직원들의 봉사활동이 경영에 직접적인 도움이 되기보다 소비자를 대상으로 하는 이미지 개선이라는 간접적인 목표를 상정하게 된다.

그러나 사실 봉사는 경영과 아주 밀접한 연관을 맺고 있다. 봉사와 나눔을 실천하면 신체적 건강은 물론 정신적 건강까지 좋아져 더 효율적으로 일할 수 있고, 자존감과 행복감이 높아져 삶의 질 또한 향상된다.

감사와 봉사는
세포도 춤추게 한다

1998년 미국 하버드 대학교 의과대학 연구 팀은 매우 흥미로운 실험 하나를 진행했다. 학생들에게 마더 테레사(Mother Teresa) 수녀가 인도에서 환자를 돌보며 봉사하는 다큐멘터리 영화를 보여준 다음 인체의 면역항체 수치가 어떻게 변화하는지 측정해보았다. 그 결과 면역 글로불린의 수치가 무려 50퍼센트나 높아진 것으로 나타났다. 실제 자신이 봉사활동을 한 것이 아니라, 영화를 통해 단지 봉사하는 모습을 본 것만으로도 이런 놀라운 효과가 나타났다. 이런 현상을 '마더 테레사 효과(Mother Teresa Effect)'라고 한다. 이후에도 봉사를 즐기고 이를 기꺼이 행복한 마음으로 하는 사람들은 면역 수치가 상당히 높다는 것이 여러 의학적 실험 결과로 증명되기도 했다.

이와 비슷한 현상으로 '헬퍼스 하이(Helper's High)'라는 것이 있다. 미국 컬럼비아 대학교가 3,000명을 대상으로 연구한 결과 일주일에 8시간 이상 자원봉사한 사람의 95퍼센트가 기쁨과 만족감이 최고조에 이르는 현상을 경험했다. 이렇게 되면 엔도르핀이 평소보다 무려 3배 이상 증가해 삶에 활력이 넘치고 긍정적인 정서를 갖게 된다고 한다. 특히 최근 뇌 과학 연구결과, 인간이 행복을 느낄 때 활성화되는 뇌세포 옆에 '감사를 느끼는 세포'가 따로 있다는 것이 발견되었다. 바로 여기에서 엔도르핀을 자극하는 강렬한 역할을 하게 된다.

봉사와 나눔이 가져다주는 이러한 결과들은 직원들이 더 행복하게 일하도록 하는 매우 중요한 계기가 된다. 직원들이 긍정적이고 진취적으로 변하며 급격히 변하는 외부 환경 변화에도 여유를 가지고 대처할 수 있는 것이다. 거기다가 대인 관계 역시 시너지 효과를 만들게 된다. 자신의 마음속에 만족감과 기쁨이 넘치기 때문에 타인의 실수도 관대하게 용서하고, 그들이 더욱 발전할 수 있도록 돕게 된다. 이는 상대방에게도 긍정적인 영향을 미쳐 최상의 협업 상태를 만들어낸다. 또한 면역수치가 올라가고 엔도르핀이 다량으로 분비되면서 가족과의 관계도 원활해진다. 그 결과 직장, 가족, 개인의 삶 등 전체적인 '삶의 질'이 향상된다.

물론 봉사와 나눔의 가치를 꼭 눈에 보이는 결과치로만 산정할 수는 없다. 성경에 '오른손이 하는 일을 왼손이 모르게 하라'는 말이 있듯이, 무엇인가를 기대하거나 남들이 인정해주기를 바라지 않고 하는 봉사야말로 진정으로 값지기 때문이다. 또한 봉사와 나눔은 사회 고위층 인사에게 요구되는 높은 수준의 도덕적 의무인 노블레스 오블리주로 설명되기도 한다. 당장 손에 쥐는 것이 없어도 공생하는 사회를 만들기 위해, 그리고 보다 높은 정신적 성숙과 그것으로 인한 수준 높은 삶을 위해 봉사와 나눔은 인간이 행해야 할 필수적인 가치이기 때문이다.

나눔은 성숙한 삶을 위한 소중한 자원이다

네패스는 실제로 봉사를 경영에 접목시키면서 직원들의 삶을 바꾸고 지역 사회는 물론 회사까지 바꾸고 있다. 특히 이것은 자신을 위한 나눔이 아니라 남을 위한 베풂이기에 직원들은 물론 회사도 진정한 기쁨을 누리고 있다.

네패스는 'n나눔씨앗'이라는 감사 나눔 활동을 벌이고 있다. 이는 일종의 매칭 펀드(Matching Fund)로서 직원들이 자발적으로 모금을 하면 회사에서도 동일한 금액을 기부해 이웃을 돕는 것이다. 전체 직원의 약 98퍼센트가 n나눔씨앗에 참여할 정도로 호응이 뜨겁다. 특히 이 펀드는 대학생들의 장학금으로, 집안이 어려운 환자들의 치료비와 수술비로, 도움이 필요한 이웃들의 생활비로 쓰이고 있다. 가끔은 갑작스럽게 어려운 일을 당한 직원의 후원금으로 사용되기도 한다.

이렇게 실제 펀드를 통한 나눔뿐만 아니라 다소 열악한 환경에서 성장하는 학생들과의 멘토링 교류, 사랑의 책 기부, 사랑의 연탄 배달, 사랑의 김치 배달, 장애 아동과의 교류, 양로원 방문, 러브하우스(집 수선) 후원 등 해를 거듭할수록 참가하는 프로그램도 다양해지고 있다.

그런데 이러한 행사를 거듭할수록 정작 변화하는 것은 직원들이다. 직원들은 그들과의 소중한 추억을 통해 오히려 자신이 위로받고, 마음속에 살아 있던 뜨거운 사랑의 열정을 확인하게 된다고 말한다. 직원들이 그들에게 보낸 것은 겨울이 지나면 재로 변할 연탄이 아니고, 먹고 나면 없어질 간식이나 김치가 아니며, 한때의 아름다운 추억은 더더욱 아니었다. 그것은 가슴 깊은 곳으로 꾹꾹 내려가서 보다 성숙한 삶을 위한 소중한 자원이 되었던 것이다. 그리고 이렇게 한번 봉사와 나눔을 하고 나면 이후에는 직원들 스스로 나서서 봉사를 실천한다. 직원들은 한결같이 "자신만을 위한 삶이 아니라 함께 나누며 기쁨을 느낄 수 있는 삶이 진정 행복한 삶이다"라고 말한다. 이렇게 성숙한 인생관을 가진 사람들이 모여 있는 기업은 그 자체로 성숙한 기업이 아닐 수 없을 것이다.

흔히 기업은 '경쟁의 정글' 속에서 사투를 벌여야 하는 곳으로 묘사

된다. 그런데 이러한 이미지는 기업 스스로 냉정하게 싸우고 상대를 가혹하게 물리쳐야 하는 싸움꾼 이미지가 전제된다. 그렇지만 이제는 한정된 시장에서 싸우는 시대가 아니다. 새로운 소비자 가치를 발굴하고 미래의 소비자 환경에 맞는 새로운 블루오션을 찾아야 한다. 그런 점에서 기업은 이제 한 사회의 생태계를 뒷받침하는 매우 중요한 존재가 되었고, 고용과 나눔을 통해 사회를 묶어나가는 중요한 소명을 수행해야만 한다. '싸우고 빼앗는 기업'이 아니라 '가치를 창조하고 그것을 나누는 기업'이 되어야 하는 것이다. 따라서 이러한 기업을 만들기 위해서는 그 구성원인 직원들이 봉사와 나눔을 통해 자신들이 실천해야 할 소중한 가치와 기업이 나아가야 할 위상을 일치시켜나가야 할 것이다.

PART 3

감사를 시스템화하는
실천적 방법들

구성원의 마음을 감사로
물들게 하라

변화무쌍한 시장에 맞서기 위해서 오늘날 경영자와 종업원들에게 필요한 덕목이 점점 더 많아지고 있다. 시장은 말 그대로 살아 있는 생명체라고 할 수 있다. 변하지 않는 것처럼 보이지만 어느덧 뒤돌아보면 마치 지진이 휩쓴 것처럼 거대한 변화를 만들어내기 일쑤이다. 이러한 시장에 유연하게 대응하기 위해서는 종업원들이 민첩성, 통찰력, 유연성, 지성, 그리고 창의성을 길러야만 한다. 이러한 능력들은 기업의 두뇌라고도 할 수 있다. 어디로 가야 할지, 무엇을 통해 가야 할지 결정하게 해주고, 가장 빠르고 효율적인 길을 찾도록 도와주기 때문이다.

경영은 사람과 사람이
함께하는 일이다

―――――――

> "'당신 회사는 무엇을 만드는 회사인가?'라는 질문을 받으면,
> 나는 '사람을 만드는 회사다'라고 답한다."
>
> 마쓰시타 고노스케(松下之助, 경영인)

미래에 대한 전망이 불투명할수록 사람들은 안전을 추구하게 마련이다. 기업 경영에서도 마찬가지이다. 불황이다 싶으면 가장 먼저 사내 유보금을 늘리고 공격적인 투자를 줄인다. 언제 무슨 일이 닥칠지 모르기 때문에 현금을 확보하고 돈이 나갈 구멍을 최소화하려는 것이다. 경영자들이 이렇게 하는 것은 '지속 가능성'을 염두에 두기 때문이다. 현재의 안전성을 확보하고 더 장기적인 경영을 가능하게 하기 위한 하나의 방편인 것이다.

그러나 보유하고 있는 현금이 많다고 그것이 곧 '지속 가능한 경영'을 만들어내는 것은 아니다. 돈 자체가 '안정한 경영'을 가능케 할 수는 있어도 경영을 발전시킬 수는 없기 때문이다. 지속 가능 경영은 오

직 사람을 통해서만 이루어질 수 있다. 따라서 회사를 '사람 중심의 일터'로 만들어야 한다. 이는 장기적인 경쟁력을 확보하여 기업의 체질을 강화하고 외부의 변화에 흔들림 없이 뿌리내리게 하는 최고의 방법 중 하나이다. 상황이 어려울수록 경영자들이 계속해서 뒤돌아봐야 할 것은 '직원들이 만족할 만한 훌륭한 일터인가?' 하는 점이다. 돈을 잃는 것보다 더 중요한 것은 사람을 잃는 것이다. 경영이란 결국 사람이 모여서, 사람과 함께, 사람의 일을 하는 것이기 때문이다.

이직률을 낮추고
협업력을 높여라

경영자가 매우 중요하게 관심을 두어야 할 지표 가운데 하나가 바로 이직률이다. 이것은 현재의 일터가 어느 수준인지 알려주는 바로미터이기도 하다. 사람은 스트레스를 심하게 받으면 본능적으로 그 대상을 회피하게 된다. 오랜 과거부터 인류는 무서운 짐승을 만나면 극도로 스트레스를 받고 도망침으로써 안전을 도모했다. 마찬가지로 회사에서도 직원이 심한 스트레스를 받으면 '회피 방법'을 찾게 되고, 결국 사표를 내게 된다. 이직률이 높은 회사란 곧 스트레스가 많은 회사, 훌륭하지 못한 일터라고 해도 무리는 아니다.

직원이 그만두면, 기업 경영에 직격탄이 된다. 직원 한 명을 교육시키는 데 적지 않은 시간과 비용이 들어간다는 점에서, 이직은 곧 경영의 손실로 이어진다. 실제 외국에서 이직률이 20퍼센트인 한 기업을 분석해봤더니 이직률이 1퍼센트 감소할 때마다 회사의 수익이 8만 달러(한화 약 1억 원) 늘어났다. 이것은 곧 직원이 회사를 그만두면 이익이 줄어든다.

이는 외국의 경우에만 적용되는 것이 아니다. 네패스의 이직률 분석과 수익 증가를 분석해봐도 거의 일치하는 결과를 얻어낼 수 있었다. 또한 직원이 자주 바뀌면 고객 및 고객사에도 부정적인 영향을 미친다. 업무가 원활하게 돌아가지 않는 것은 물론, '이 회사는 뭔가 문제가 있나?'라는 인식을 불러일으켜 장기적으로 회사에 불이익을 안겨줄 수도 있다.

물론 이직률을 낮추려는 노력들이 한편으로는 경영자에게 적지 않은 부담감을 안겨주는 것이 사실이다. 임금이나 복지를 무한정 늘릴 수도 없거니와 개개인들의 사내 관계에 회사가 일일이 적극적으로 개입할 수도 없다. 그렇다고 '쉬운 업무'만 맡겨서 스트레스를 줄이는 것은 더욱 불가능하다. 기업의 성장은 결국 계속해서 주어진 한계를 벗어나는 필사의 노력에 의해서 이루어진다. 따라서 일하는 과정에서 직원들이 느끼는 어느 정도의 스트레스는 어쩔 수 없다.

문제는 이뿐만이 아니다. 중요한 것은 직원들 간의 원활한 협업이다. 회사 일이란 사소한 것 하나라도 오로지 개인의 힘만으로 이뤄지는 것이 없다. 협업의 통로가 막히면 업무가 막히고, 이는 곧 서로에게 감정적 상처를 주는 것은 물론, 기업에도 손해를 입히게 된다.

이러한 여러 가지 문제를 해결하기 위해 경영자들이 자주 사용하는 방법 중 하나가 바로 워크숍이다. 교육을 겸한 일종의 단합대회라고 할 수 있다. 호젓한 지방의 연수원에서 서로 살을 부대끼고 이야기를 나누며 술을 한잔 하다보면 관계에서 오는 스트레스도 풀리고 상대방을 더 잘 이해하게 되기 때문이다.

하지만 문제는 이러한 방법이 일시적일 뿐이라는 점이다. 워크숍을 다녀온 직후에는 서로 단결하자는 분위기도 형성되고 함께하고자 하는 의지가 생겨 일시적으로 상승효과가 있다. 그렇지만 또다시 일상이 반복되면서 업무적인 문제로 부딪히면 어느덧 그 효과가 반감되고 만다. 이러한 문제를 해결하기 위해서는 결국 '본질적 수준'에서의 해결 방법을 찾아야 한다. 그리고 그 본질적 문제가 해결된 곳이 바로 '훌륭한 일터'라고 할 수 있다.

훌륭한 일터는 지속 가능 경영의 핵심 요인이다

이직률을 낮추고 협업력을 높이는 좋은 방법 중 하나는 바로 직원들이 서로를 고마운 존재로 느끼고 이에 감사하는 계기를 만들어주는 것이다. 사실 그간 디스플레이 부서의 이직률이 상당히 높은 편이었다. 한 달에 한 명은 꼭 퇴사할 정도였으니, 이 정도면 당시 디스플레이 부서는 '훌륭하지 않은 일터'였던 것이 확실하다. 새로운 직원이 들어와도 '언제 나갈지 모르는 사람'이라는 생각이 미치면 팀워크가 약해지고 협업도 제대로 되지 않는 것은 너무나 당연하다. 특히 디스플레이 부서의 개발 팀과 제조 그룹 사이에 협력 관계가 무너져 있었다. 개발 팀에서 제조 그룹에 샘플을 요청해도 무시당하기 일쑤고, 예정된 회의조차 제대로 열리지 못하는 경우도 있었다. 반면 제조 그룹에서는 "생산량을 맞추기도 힘든데 툭하면 기계를 멈추고 샘플을 만들어달라는 것이 말이 되느냐"며 응수하곤 했다. 이런 상태가 더 이상 지속되어서는 안 되겠다는 판단이 들었다.

해법은 하나, 서로가 서로에게 고마운 존재, 감사할 수밖에 없는 존재가 되는 것이다. 일반적으로 자신에게 고마운 존재에게는 누구나 성심껏 배려하게 마련이다. 그러면 알력과 다툼이 없어지고 화해와 협력의 기운이 돌게 된다. 이렇게 관계가 편한 직장은 곧 스트레스 없는 훌륭한 일터가 되기 마련이다.

우선 개발 팀 직원들이 현장을 찾아 제조 그룹 직원들이 얼마나 바쁘고 힘들게 일하는지 이해하게 했다. 자신들이 요구하는 샘플 제작도 결코 시간상 만만한 작업이 아니라는 것, 그래서 무작정 해달라고 뚝딱 해줄 수 있는 일이 아니라는 것을 이해시키기 시작했다. 이렇게 하자 제조 그룹에서는 그렇게 꾸준히 현장을 찾아와 자신들을 이해하려는 개발 팀 사람들에게 고마움을 느끼기 시작했다. 뭔가 특별한 것을 해주어서 고마운 것이 아니라, 자신들을 이해하려는 자세 자체가 고마웠던 것이다.

이와 동시에 서로에게 꾸준히 감사 메시지를 보내게 했더니 상대방을 이해하는 폭이 넓어지고 배려심이 깊어지는 결과를 낳았다. 마음 깊숙이 존재하는 감사의 마음을 움직여 '본질적인 차원에서의 해법'을 추구한 것이다. 이렇게 하자 상황이 완전히 달라졌다. 몇 개월 만에 디스플레이 부서의 이직률이 0퍼센트가 됐다. 평균적으로 한 달에 한 명씩 회사를 그만두는 상황이 완벽하게 해소되었던 것이다.

경영자의 목표는 '일터'를 만드는 것에서 멈추면 안 된다. 그것을 넘어서는 '훌륭한 일터'는 그것 자체로 지속 가능한 경영을 하게 만드는 아주 중요한 요인이다. 돈은 감정과 인격이 없기에 능동적인 관리만 제대로 하면 잘 유지될 수 있다. 그러나 사람은 '관리'를 통해 좌우되는 대상이나 객체가 아니다. 스스로 자율성과 생각과 판단, 그리고 의지를 가지고 있기에 스스로 일터를 사랑할 수 있도록 해야 한다. 경영은 사람에 대한 일이다. 비록 제품을 만들고 그것으로 수익을 창출한다고 해도 결국 모든 초점은 사람 사이의 일이다. 그래티튜드 경영의 핵심은 바로 여기에 있다. 사람과 사람의 관계를 최선으로 만드는 것. 바로 여기에 '훌륭한 일터의 조건'과 협업, 그리고 비밀과 성과 창출의 비결이 숨어 있다.

자기애를 통해
공감 능력을 키워라

"인생에서 가장 큰 행복은 사랑받고 있다는 확신,
좀 더 정확히는 '내가 이런 사람임에도 사랑받고 있다'는 확신이다."

빅토르 위고(Victor Hugor, 소설가)

자기 자신을 사랑하는 마음을 뜻하는 자기애(自己愛)는 양면적인 가치를 가지고 있다. 그것이 지나치면 나르시시즘이 되어 긍정적인 자아의식 확립과 대인관계에 부정적인 영향을 미치게 된다. 그렇지만 반대로 자기애가 지나치게 없는 사람 역시 균형 잡힌 사회생활을 하기 힘들다.

따라서 적당한 자기애는 한 개인의 삶은 물론 조직생활을 하는 데도 반드시 필요하다. 특히 자기애가 부족한 경우, 공감 능력이 현저하게 떨어지는 사람이 많다. 자신을 들여다보고 참된 가치를 찾아낼 힘이 없으니 타인에게 그렇게 다가간다는 것이 불가능하기 때문이다.

조직에서의 공감 능력이란 조직 적응 차원에서도 중요하지만, 고객과의 관계에서도 무척 중요한 덕목이 아닐 수 없다. 고객의 요구, 불만, 문제 제기에 공감할 수 없다면 고객 가치 창출도 불가능하기 때문이다. 경영자 입장에서는 '과하지 않으면서도 충분한 자기애를 가진 사람'을 뽑고 싶지만, 현실적으로 무척 어려운 것이 사실이다. 관계의 출발점이라고 하는 직원들의 자기애를 향상시키는 방법에는 어떤 것이 있을까?

자신의 가치를 아는 사람이 성숙한 관계를 유지한다

자기애가 중요한 것은 그것이 자존감과 아주 밀접한 연관을 맺고 있기 때문이다. 자신의 가치를 알고, 그것이 타인과 충분히 교류 가능하며, 이 사회에 유용할 것이라는 자존감의 근본에는 자기 자신에 대한 사랑이 전제되어야 하기 때문이다. 자존감이 떨어진 사람이 사회생활을 제대로 할 리 만무하고, 당연히 조직에 적응하기도 힘들다. 특히 자기애가 부족한 사람은 부정적인 견해를 가질 가능성이 상당히 높다. 타인이 자신을 어떻게 볼지 지속적으로 의심하고 작은 일에도 그것을 성찰하기보다는 오히려 문제의 본질을 외면하고 '세상 탓'을 할 가능성이 높다.

특히 이런 문제의 더욱 심각한 결과는 자신을 조절하는 통제력을 잃는다는 점이다. 작가 캐런 R. 쾨닝(Karen R. Koenig)은 『착한 여자는 왜 살이 찔까?』라는 책에서 이 문제에 대한 설득력 있는 의견을 제시했다. 그녀는 '착한 여자'라는 정의를 '다른 사람의 인정에 굶주려 있는 버려진 내면의 아이'라고 했다. 자기 스스로를 사랑하지 못하니 늘 사랑에 굶주려 있고, 타인의 인정을 받아야만 사랑받는다고 생각한다. 따라서 타인의 의견을 거절하지 못하고, 싫은 소리를 하지 못하며, 자신이 모든 문제를 끌어안으려고 한다. 이것이 반복되자 음식으로 해소하려고 해 결국 살이 찐다는 이야기이다. 이런 '버려진 내면의 아이'를 되살리기 위해서도 자기애는 필수적이라고 할 수 있다.

경영자 입장에서도 이런 내면을 가진 직원을 원치 않는다. 그래서 채용 시 다양한 방법으로 인성을 평가하지만, 그러한 평가 역시 어느 정도 한계가 있음을 인정하지 않을 수 없다. 그런데 이러한 자기애는 어린 시절 부모와의 밀착 정도, 사랑받은 경험 정도에 따라 결정된다.

그렇지만 성인이 된 다음에는 과거 경험들이 마음 깊숙한 곳으로 숨어들어 특정한 때만 발현되기 때문에 겉모습만으로 그것을 알기가 쉽지 않다. 따라서 채용 과정에서 그것을 파악하기는 더더욱 불가능하다. 이력서나 자기소개서는 늘 긍정적으로 표현될 뿐만 아니라, 설사 부정적인 가정환경을 언급한다고 하더라도 글 몇 줄로 어린 시절의 온전한 가족 풍경을 예상하기는 힘들기 때문이다.

과거에 대한 성찰이
현재를 변화시킨다

과거의 경험이라고 해도 그것을 바꾸는 것이 완전히 불가능한 것은 아니다. 과거에 있었던 사실 자체는 바꿀 수 없지만, 그것을 바라보는 '시선과 관점'을 바꿈으로써 과거에 대한 생각과 감정을 바꿀 수는 있다. 우리 회사의 경우, 신입사원이 입사하면 제일 먼저 '100 감사족자' 만드는 일을 한다. 입사 교육 때 캘리그라피를 배워 100가지 감사할 일을 적어 족자로 만들고 그것을 전시하는 행사를 갖는다.

그런데 이런 교육 장면을 보는 것이 아주 흥미롭다. 신입사원들은 처음엔 거의 농담처럼 시작하지만, 마지막에는 교육 현장이 눈물로 마무리되기 때문이다. 방법은 그리 어렵지 않다. 어머니나 아버지 중 대상을 한 명 자유롭게 정하고 4시간 동안 그 사람에게 감사한 내용 100가지를 적는 것이다. 처음에는 쓱쓱 써내려가던 사람들도 10가지가 넘어가면 힘들어하기 시작한다. 때로는 농담이 오가기도 한다. '잘 생기게 낳아줘서 감사하다', '꿀피부를 주셔서 감사하다' 등의 이야기도 나온다. 그렇지만 곧 침묵의 시간이 흐른다.

생각해보면 사실 우리는 살아오면서 무려 4시간 동안이나 특정한 사람에 대해서 생각해본 경험이 없다. 애인도 아닌 부모님이라면 더욱 그럴 것이다. 그런데 이렇게 부모님에 대해서 오랜 시간 생각하다보면 훌쩍이는 사람들이 생겨나고, 끝내 100가지를 채우고 나서는 과거와 전혀 다른 감정을 가지게 된다. 이 4시간 동안 어떤 일이 일어나는 것일까?

부모와의 추억을 생각하다보면, 우선 자신이 잘못했던 일들이 떠오른다. 부모님을 속였던 일, 화를 내고 가시 돋친 말들을 쏟아냈던 일, 나쁜 마음을 품었던 일 등이 떠오르는 것이다. 그리고 왜 그때는 철없이 굴었는지 반성하게 되고 더 잘해드리지 못한 점을 후회하고 눈시울이 뜨거워지는 것이다. 다행히도 부모님이 살아 계신다면 만회할 기회가 있지만, 그렇지 않은 경우라면 주체할 수가 없어서 더 뜨거운 눈물을 흘리게 된다.

이것은 곧 자신의 어린 시절을 반추하는 과정이자, 자기애를 회복해나가는 과정이다. 부모와의 관계를 재설정하면서 감사의 마음을 가지게 되고, 또한 그것을 무한히 행복하게 느끼는 것이다. 이것은 곧 '힐링'의 시간이기도 하다.

이러한 시간을 가진 신입사원들은 이제 자신의 현재 모습을 다시 보게 되고, 타인을 보는 시선을 교정하게 된다. 자기 자신에 대한 사랑도 싹트지만, 자신을 진솔하게 바라보았던 그 경험은 곧 타인을 진솔하게 바라보는 능력으로 이어진다. 이것이 곧 공감 능력이 되는 것이다. 유홍준 교수는 이런 말을 한 적이 있다.

"사랑하면 알게 되고 알게 되면 보이나니, 그때 보이는 것은 전과 다르리라."

기업 입장에서 애초에 인성이 올바른 인재를 뽑는 것은 무척 중요하다. 그러나 그것이 쉽지 않을 때는 이렇듯 감사 방법을 통해 사원들의 인성을 교정하는 일이 필요하다. 이것은 단지 기업에만 이득이 되는 것이 아니라 직원들의 삶 자체를 고양시키는 일이기도 하다. 경영자들이 사원들을 하나의 사물이나 대상으로 보지 않고 진정한 인간으로 바라보며 성숙된 삶을 살아가도록 이끌어줄 때, 사원들도 혼신의 힘을 다해 회사와 함께하기 위해 노력해나갈 것이기 때문이다.

통찰력을 만들어내는 I훈련

"지식에 투자하는 것이 여전히 최고의 수익을 낳는다."

벤저민 프랭클린(Benjamin Franklin, 정치가·과학자)

경영자들은 늘 '변화'에 촉각을 곤두세우고 있다. 이는 시장의 변화가 그만큼 빠르다는 의미이다. 따라서 여기에 적응해나가지 않고는 생존 자체가 불투명하다. 그런데 변화에만 초점을 맞추면 늘 공격적으로 되어, 올바른 방향 설정을 하지 못하는 경우가 많다. 방향이 잘못되면 오히려 그것은 '변화'가 아니라 '파산으로 향하는 길'이 되어버린다.

더구나 지금과 같이 융복합 글로벌 시대에는 예측 불허의 시장이 펼쳐진다는 데 문제가 있다. 이러한 상황에 제대로 대응하기 위해서는 지식과 정보의 함양이 필수적인 것은 물론, 사물과 환경을 정확하게 파악해서 올바른 선택을 할 필요가 있다. 즉 공격적 변화와 함께 분별력과 통찰력을 가지고 올바른 사업 방향을 분명하게 설정할 필요가 있다.

독서로
생각하는 힘을 키워라

학교 교육을 끝낸 성인이 지식을 축적하는 가장 빠르고 효율적인 방법은 독서이다. 기업에서 특히 독서가 중요한 이유는 바로 현재에 대응하는 힘과 미래를 예측하는 혜안을 기를 수 있기 때문이다. 실제로 수많은 경영자가 독서와 그것을 통한 지식을 통해 세상의 흐름을 파악해왔다. 특히 독서는 '생각하는 법'을 알려준다는 점에서 더욱 그 가치가 크다.

IBM 회장을 지낸 루이스 거스트너(Louis Gerstner)는 "직원들에게 기계의 조작이나 마케팅 플랜과 같은 일을 가르치는 것은 매우 손쉬운 일이다. 그렇지만 생각하는 법을 가르치는 것은 정말 골치 아픈 일이다"라고 말했다. 그런 점에서 독서가 주는 효용성은 그 어떤 수준 높은 교육에 결코 밀리지 않는다고 할 수 있다.

그러나 여전히 직원들의 독서와 그를 통한 지식 축적에 적극적이지 않은 경영자들도 있다. 그들은 지식을 얻는 것과 일하는 것은 다른 종류이며, 따라서 지식을 얻는다고 일을 잘하게 되리라 생각하지 않기 때문이다. 그렇지만 실제로 일과 비즈니스, 그리고 독서를 통한 지식은 아주 긴밀한 연관이 있다. 심지어 직접적으로 돈을 투자하고 수익을 얻는 투자라는 분야도 결코 지식과 따로 떨어져 있지 않다.

세계적인 투자자라고 할 수 있는 조지 소로스(George Soros)는 "만약 내가 펀드매니저가 되지 않았다면 철학자가 되었을 것"이라고 말할 정도였다. 그러니까 지식 속에서 통찰이 나오고, 이것이 일과 비즈니스로 연결되면서 개인의 경쟁력은 물론 기업의 생명력도 강하게 한다고 할 수 있다.

네패스에서는 일주일에 한 번씩 각 부서별로 독서토론 모임이 이뤄지고 있다. 전체 90개의 그룹이 늘 가동되고 있으니 축적되는 지식과 정보의 양, 그리고 토론을 통해 오가는 커뮤니케이션의 양이 결코 적지 않다. 이렇게 독서를 경영의 한 축으로 구성하는 것에 대해 '독서 경영'이라는 말로 표현하곤 하는데, 특별히 우리는 'I 훈련'이라 부르고 있다. I는 정보(information), 정체성(identity), 혁신(innovation)을 의미한다. 독서가 일과 생활에 미치는 다양한 면을 분석한 결과, 독서로 인한 효용성이 지식 이상이라고 판단했기 때문이다. 이는 단순히 '독서=지식'이라는 차원을 넘어 독서가 어떻게 한 사람과 기업을 변화시킬 수 있는지에 대한 관찰 덕분이라고 할 수 있다.

I 훈련으로 지적 성장 방향을 찾아라

I 훈련을 통해 얻는 것으로, 우선 정보를 들 수 있다. 책처럼 짧은 시간에 깊이 있는 지식과 경험을 쌓게 해주는 도구는 없다는 점에서 이는 가장 기본적인 사항이다. 두 번째는 정체성이다. 독서를 하고 상대방과 토론을 한다는 것은 상대방의 정체성을 알아나가고 또한 이것을 통해 자신도 성찰한다는 장점을 가지고 있다. 일반적으로 사내에서의 의사소통은 업무가 끝난 후 회식 자리에서 이루어지곤 한다. 업무 중에는 개인적인 생각이나 마인드, 세계관에 대해 대화를 나눌 틈이 없기 때문이다. 그렇지만 음식이나 술을 앞에 놓고 하는 의사소통은 심층적일 수가 없다. 대화의 깊이도 없고 주로 휘발성 소재들에 대해 이야기하다보니 그저 즐겁게 이야기하고 끝나버린다.

그러나 동시에 같은 책을 읽고 대화를 하다보면 상황이 사뭇 달라진다. 특정 주제에 대한 상대방의 가치관이나 철학, 더 나아가 깊은 속내까지 알 수 있기 때문에 짧은 시간 안에 밀도 있는 대화와 상대방의 정체성을 파악할 수 있다. 그리고 이것은 곧 자신에 대한 반추와 반성으로 이어진다. 상대방은 나와 왜 생각이 다른가, 상대방은 왜 나와 다른 것을 느끼는가 등에 대해 하나하나 이해하고 대화를 하다보면, 자신이 무엇을 발전시켜야 하는지도 알 수 있기 때문이다.

이렇게 정보를 얻고 정체성을 체득한 다음에는 궁극적으로 혁신을 이루어낸다. 더 다양해진 지식, 서로에 대한 깊은 이해는 회사를 바꾸는 불꽃 튀는 아이디어를 탄생시킬 수 있기 때문이다. 우리의 이러한 I 훈련은 결국 혁신을 만들어나가는 가장 근원적인 훈련이라고 할 수 있다.

실제 I 훈련 이후 직원들의 자발적인 반응에 놀란 적이 많았다. 자신들이 읽은 책을 회사에 기부하거나 각 부서마다 좋았던 책을 자발적으로 추천하거나 돌려보다보면 좋은 책들이 다른 동료들에게도 알려지면서 더 많이 읽히는 매우 긍정적인 효과를 낳았다.

사실 이처럼 자발성이 나타나는 것은 누구에게나 성장과 발전의 욕구가 존재하기 때문이다. 이러한 욕구는 본능에 가깝다고 해도 과언이 아니다. 따라서 기업이 이런 개인의 자발적인 성장 욕구와 함께한다면 혁신의 가속도를 더욱 높일 것이다.

더 나아가 한 사람의 교육 차원에서도 이것은 기업이 감당해야 하는 부분이다. 교육이란 평생 동안 진행되어야 한다. 따라서 학교 교육 이후, 생활의 대부분을 보내는 회사 생활에서 이것이 담보되지 않으면 개인의 지적 성장이 멈추거나 후퇴하는 상황에 처한다. 이는 개인적으로나 기업 입장에서나 모두 손해가 아닐 수 없다.

더 나아가 I훈련은 더 많은 감사 활동을 할 수 있는 배경이 되어주기도 한다. 더 깊은 사고력을 갖추고, 다양한 사물을 다양한 방식으로 볼 수 있는 지식의 함양은 곧 자신의 삶을 되돌아보게 하는 힘을 준다. 그리고 이를 통해 지금 현재 자신의 삶이 얼마나 감사한지 알게 되는 깊은 사고를 할 수 있게 된다. I훈련은 많은 자원이 투여되는 것도 아니고 절차상 복잡한 것도 아니다. 그러므로 중소기업이나 중견기업에서도 얼마든지 실행할 수 있다.

경영자와 직원은 힘을 합쳐 미래를 향해 뛰어가야 하지만, 무작정 뛰면 아무런 의미가 없다. 방향을 제대로 설정하지 않고 질주하면 절벽으로 달려간다고 해도 이를 알아차릴 방법이 없다. 가슴은 뜨겁지만 머리는 지식과 정보, 통찰력으로 무장해야 한다. 또한 평소에 꾸준한 학습과 축적이 이루어져야만 늘 명철한 두뇌로 올바른 경영을 해나갈 수 있을 것이다.

유쾌한 놀이문화로
공동체 의식을 심어주라

―――――

"음악은 모든 예지와 철학 이상으로 우리에게 계시를 준다."

루트비히 반 베토벤(Ludwig van Beethoven, 음악가)

인류는 늘 집단을 이루며 살아왔다. 수만 년 전 원시 공동체 사회에서부터 오늘날의 직장, 가정까지 모두 '공동체'라는 테두리 안에서 서로 의지하고 도우며 생존했다. '인간은 사회적 동물'이라는 말은 이러한 공동체적 본성을 가장 잘 나타내는 표현이기도 하다. 흔히 이러한 공동체가 잘 유지되기 위해서는 리더십과 충성심, 그리고 조직의 발전을 위한 다양한 체계가 있어야 할 것이다.

그러나 이러한 이성적이고 합리적인 요소만으로는 부족하다. 마음과 마음을 하나로 만드는 감성적 요소, 말하지 않아도 서로를 이해하고 목표를 향해 단결하게 만드는 심리적 요소도 동시에 존재해야 한다. 이러한 감성적 요소 중에서 가장 중요한 한 가지를 꼽으라면 단연 음악을 들 수 있다. 음악은 사람이 가진 가장 본능적인 요소이며, 또한 가장 유쾌하고 흥겹게 '우리는 하나'라는 공동체 의식을 심어주기 때문이다.

놀라운 성과 창출의 통로,
음악

영국 레딩 대학교의 인지고고학자 스티븐 미슨(Steven Mithen)은 "음악이 인지적 조율을 유도한다"고 말했다. 여기에서 '인지적 조율'이란 음악 활동을 함께 하는 사람들이 서로 나누는 공통된 감정과 상대방에 대한 신뢰감을 말한다. 한마디로 함께 음악을 하면 서로를 믿고 상대의 마음을 잘 헤아리게 된다는 의미이다.

일반적으로 사람들은 음악이 분위기를 즐겁게 하는 역할만 한다고 생각한다. 그렇지만 음악이 '공동체' 안으로 들어오면 상당히 다른 역할을 하게 된다. 관계를 부드럽게 만들어 사람들을 하나로 묶는 것은 물론, 사람들 간에 신뢰라는 감정이 꽃피게 한다. 그리고 이것은 곧 '집단을 움직이는 힘'으로 전환된다.

실제로 선사시대부터 인류는 이런 음악의 힘을 알고 있었다. 영국의 사회인류학자 존 블래킹(John Blacking)은 1950년대에 아프리카의 벤다족과 오랜 세월 함께 지내면서 그들이 어떨 때 춤을 추고 노래를 부르는지 관찰했다. 일반적으로 생각했을 때는 뭔가 하늘에 기원을 하거나 딱히 사냥 활동을 하지 않을 때 그 시간을 즐기기 위해서 춤과 노래를 한다고 생각하기 쉽다. 그렇지만 실제 관찰 결과는 완전히 달랐다.

그들은 오히려 공동체에 균열이 생기려는 조짐이 보일 때 노래를 부르며 춤을 추었다. 가장 대표적인 사례가 바로 사냥을 한 후 식량이 풍부해졌을 때다. 먹을 것이 없을 때는 서로 단결해야만 사냥을 할 수 있다. 이때는 각자의 욕심 같은 것이 사라지고 단결력이 강해진다. 그러나 먹을 것이 풍부해지기 시작하면 서서히 각자의 마음속에 '나와 내 가족이 좀 더 많이 먹을 수 있으면 좋겠다'는 욕심이 생겨난다. 이 것은 곧 구성원에게 분열 가능성이 생긴다는 의미이기도 하다. 따라서 이런 시기에 원시 부족들은 노래를 하고 춤을 춤으로써 서로 단결하고 협력을 만들어냈다. 욕심이 생겨 균열이 예견될 때, 바로 춤과 노래가 그것을 봉합해 구성원들의 마음을 다시 묶는 역할을 했던 것이다.

승리를 위한 스포츠 게임에서도 음악은 이와 같은 기능을 한다. 경기장에서는 늘 치어리더들이 음악에 맞춰 춤을 추고, 일정한 리듬에 맞춘 구호와 응원가들이 반드시 등장한다. 함께하는 사람들은 공통의 목표를 보다 강하게 받아들이고, 그것을 이뤄내기 위한 집단적 열정을 불태운다.

실제 많은 기업 연구가가 회사 내의 음악 동호회가 매우 중요한 기능을 하고 있다고 생각한다. 그것은 곧 조직에 대한 충성도를 높여주기 때문에 회사 입장에서는 곧 '투자'라고 할 수 있다. 신경생물학자인 월터 프리먼(Walter Freeman)은 음악이 사회적 유대를 강화하기 때문에 심지어 '집단 형성의 생명공학'이라고까지 표현한다. 한 집단을 유지시키는 생명 활동에 있어서 음악은 결코 없어서는 안 되는 공학적 구성요소라는 이야기이다.

회사를 즐거운
놀이터로 만들어라

우리는 바로 이런 점에 착안해서 조직에서의 음악 활동을 적극적으로 장려하면서 기업의 성과를 극대화하는 활동을 추진해왔다. 직원들은 출근과 함께 노래교실로 향해 하루를 시작하는 힘찬 노래를 부른다. 한 달에 한 번이나 일주일에 한 번이 아닌 매일 하는 일이다. 출근하자마자 서둘러 컴퓨터를 켜고 밀린 일을 시작하는 여느 회사와는 사뭇 다른 풍경이라고 할 수 있다.

그뿐만 아니라 몇 명이 모여서 그냥 마이크 잡고 노래하는 수준이 아니다. 성악 전공자와 반주자 14명을 특별히 채용해 전국 7개 사업장에 배치하고 그랜드 피아노와 고급 음향시설까지 갖추었다. 그렇게 매일 아침 8시 20분부터 8시 50분까지 전국의 사업장에서 동시에 음악교실이 시작된다.

하지만 임원들에게 처음 이 제안을 했을 때는 반발이 만만치 않았다. 노래를 부르는 것과 업무 능률 향상의 관계에 대해서 의문을 제기하는 경우도 있었고, 업무 시간이 줄면 생산량도 떨어진다는 이유가 컸다. 수학적인 계산을 동원해 비용을 계산하는 경우도 있었다. 1,000명의 직원이 하루 30분씩만 잡아도 500시간이며, 일주일이면 2,500시간, 한 달이면 1만 시간이다. 이렇게 많은 시간을 비용으로 계산하면 어마어마하다는 이야기였다. 실제로 1만 시간을 급여로 환산하면 기업 입장에서는 당장 손해인 것이 당연하다.

그렇지만 뻔히 보이는 손실에도 불구하고 음악교실을 도입하고 싶었던 것은, 이 프로그램이 우리 회사와 조직에 긍정적인 변화를 불러일으킬 것이라고 확신했기 때문이다. 그렇게 해서 2006년부터 시작된 음악교실은 매일 아침 직원들의 감정을 행복하게 가꾸어주었다.

가요, 동요, 가곡과 CCM까지 장르를 가리지 않고 좋은 가사와 밝은 멜로디를 가진 100곡씩을 모아 5권의 음악책도 만들었다. 이러한 음악교실의 성과는 매우 놀라웠다. 당시 800명 정도에 불과했던 직원 수는 2014년 기준 2,200명을 훌쩍 넘어섰고, 매출 역시 매우 가파르게 상승했다. 한 달에 1만 시간, 지난 10년간 120만 시간의 손실을 본 것이 아니라 3배 이상의 기적적인 성장을 거둔 것이다.

음악교실이 이렇듯 놀라운 성장 동력이 된 데는 여러 가지 요인이 있다고 생각한다. 우선, 긍정 에너지의 확산이다. 밝고 활기찬 노래를 신나게 부르는 과정에서 생성된 긍정 에너지가 직원들의 몸과 마음속에 남아 있는 부정적인 감정들을 자연스럽게 해소해주었다. 찌꺼기 감정이 남아 있지 않으니 하루를 상쾌하게 시작할 수 있고 일에도 몰입할 수 있는 환경을 제공해준 것이다.

좋은 가사를 부르면서 스스로에 대한 자존감을 높이는 것은 물론, 타인에 대해 배려심을 키운 것도 하나의 요인이라고 생각한다. '당신은 사랑받기 위해 태어난 사람~', '너라면 할 수 있을 거야~', '혼자라고 느껴질 때면 주위를 둘러보세요~', '이렇게 많은 이들 모두가 나의 친구랍니다~' 등의 가사들은 언제 들어도 사람의 마음을 포근하게 해준다. 애사심 고취도 결코 빼놓을 수 없다. 직원들의 내면에 긍정적인 에너지가 넘치고 자존감이 향상되면서 삶의 터전인 회사에 대해서도 신뢰와 애정을 가지게 되었다. 그리고 이러한 결과들이 업무 몰입도 증대와 창조적인 발상 강화로 이어졌다.

회사 생활이 즐거울수록 창조성이 발현되는 것은 이미 수많은 연구를 통해서 증명되었다. 테레사 아마빌은 "기분 좋은 날 창조적인 아이디어를 떠올릴 확률이 그렇지 않은 날에 비해 50퍼센트나 더 높다"는 연구결과를 발표했다. 그리고 더 놀라운 사실은 이러한 즐거움이 이월되기도 한다는 점이다. 즉 기분이 좋으면 오늘뿐만 아니라 내일이나 모레도 창조적인 생각이 떠오를 확률이 높아진다.

긍정 에너지로
감성지수를 높여라

음악은 이렇게 조직 단위에서도 긍정적인 기능을 하지만, 개개인의 스트레스를 줄여주는 천연 진통제라고도 할 수 있다. 직장 생활이 늘 스트레스를 예견한다는 점에서 음악 활동은 개인의 고통을 줄여주고 긴장을 완화하는 역할을 한다는 이야기이다.

옥스퍼드 대학교, 버밍엄 대학교 등 세계 유명 대학교들이 연합하여 음악을 통한 '고통 감내 검사'를 실시한 적이 있다. 실험자들은 ▲춤을 추고 노래를 부르고 악기를 연주하는 적극적인 음악 행위를 하는 피실험 집단과 ▲그저 음악을 수동적으로 듣기만 하는 피실험 집단을 구분해서 테스트했다. 수차례 테스트한 결과, 적극적으로 음악 활동을 하는 집단이 고통을 감내하는 능력이 월등히 뛰어났다. 그들의 몸에서 솟아난 엔도르핀이 고통에 대한 강한 저항력을 발휘했던 것이다.

고통을 완화시키고 서로 단결하게 해주는 음악의 이러한 놀라운 기능은 경영 현장에서도 그대로 적용된다. 조직 구성원들이 다 같이 노래하면 긍정적인 에너지와 감성지수가 높아져 즐겁고 행복한 기분이 유지된다. 이는 곧 즐겁고 행복한 상태에서 일할 수 있는 환경을 만들어준다. 또한 음악은 우리의 감성을 자극해 변화가 극심한 업무 환경에 민첩하게 대응하도록 한다.

더 나아가 음악 활동은 '모드 전환을 위한 버퍼(buffer, 완충제)' 역할을 하기도 한다. 사실 우리의 감성은 매일 듣고 보는 수많은 이미지에 의해서 좌우된다. 출근길에 복잡한 버스와 지하철에서 시달리면 아침부터 힘이 빠져버린다. 저녁에 느꼈던 기분 나빴던 일들이 다음 날 업무에도 영향을 미치는 것은 당연하다. 그런데 음악을 통해 몸과 마음의 모드를 순식간에 변화시킬 수 있으며, 이런 행복한 감성은 다양한 이미지로부터 상처받는 우리의 몸과 마음을 안전하게 보호해준다.

음악을 듣고 행복한 감정을 고양시키는 것은 이제까지 완전히 개인의 영역에 속했다. 경영자는 이에 대해서 관여하지도 않았고, 그것이 가지고 있는 경영학적인 원리나 그 작용에 대해서 거의 신경 쓰지 못한 것이 사실이다. 그러나 음악은 조직 공동체를 만들어나가고 창의성을 키우는 배경이 되어주며 업무에 몰입할 수 있게 하는 심리적 바탕이 되고 있다. 이러한 음악의 효과에 주목해 직원들의 업무 환경을 다시 한번 되돌아본다면 분명 각 기업에 맞는 적용 방법을 찾아내 시너지 효과를 누릴 수 있을 것이다.

그래티튜드 경영의 전파자

"만약 지금 하고 있는 일을 계속한다면,
현재 얻고 있는 것만을 계속 얻게 될 것이다."

스티븐 코비(기업인·컨설턴트)

기본적으로 경영은 '규모의 경제(economy of scale)'를 따른다. 대량 생산을 하게 되면 단위당 들어가는 비용이 절감되면서 이익이 늘어난다. 기업 입장에서는 좋은 현상일 수도 있지만, 문제는 조직이 점점 커지면서 관리가 어려워진다는 점이다. 물론 중간 관리자들이 일을 조율한다고는 하지만 문제는 전사적으로 진행되는 특정한 혁신 활동이나 캠페인이 정확하게 진행되지 못한다는 점이다. 중간 관리자들 역시 자신들의 일을 처리하느라 바쁘다보면 이러한 활동에 동참하지 못할 수도 있다. 그래티튜드 경영을 전사적으로 확산시키려는 실천 활동역시 보다 강한 드라이브를 걸기 위해서는 또 다른 특별한 대안이 필요했다.

사람들의 마음을 움직이는
변화 촉진자로 거듭나라

2009년 유튜브에 아주 이색적인 동영상이 하나 올라왔다. 미국의 워싱턴 주에서 열린 '사스쿼치 뮤직 페스티벌(Sasquatch Music Festival)'의 한 장면이었다. 동영상 속의 주인공은 웃옷을 벗어 던진 채 막춤을 추기 시작했다. 그렇게 누구도 의식하지 않고 우스꽝스러운 춤을 열심히 추었지만 별로 주변의 관심을 끌지 못했다. 그럼에도 불구하고 그 사람의 흥은 멈춰지지 않았다.

그렇게 몇 분 지난 뒤 드디어 한 명의 동참자가 생겼다. 두 사람은 손을 맞잡고 춤을 추기도 하고 다리 밑을 기어가는 퍼포먼스를 선보이기도 했다. 또한 함께 공연을 보던 사람들을 향해 소리를 지르기도 하고 어서 오라며 손짓을 하기도 했다. 그렇지만 그다지 호응이 없었다. 그저 두 사람만 도취된 감정에 젖어 있을 뿐이었다. 그러나 그 에너지는 점점 확산되기 시작했다.

얼마 뒤 뚱뚱한 한 남자가 동참했다. 두 명이 세 명으로 늘어난 것이다. 잠시 후 다시 두 명의 남자가 다가왔고 연이어 10여 명 가까운 사람이 동참했다. 그다음부터는 기하급수적으로 늘어났다. 그 춤판에 합류하기 위해 여기저기서 사람들이 뛰어들 정도였다. 마침내 수

백 명의 군중이 하나가 되어 춤을 추었다. 한 사람이 시작한 막춤이 수백 명의 군무로 발전했던 것이다.

이 영상은 경영에서 '변화 촉진자(change agent)'의 역할을 보여주는 단적인 사례로 꼽힌다. 시작은 단 한 명이 했지만 그의 지속적인 노력으로 많은 주변 사람의 마음을 움직일 수 있음을 보여주었기 때문이다.

조직이 커지기 시작하면 이러한 변화 촉진자의 역할이 무엇보다 중요해진다. 이들은 조직원들과 함께하면서 그들에게 새로운 영감을 주며 행동을 변화시키고 열정을 퍼뜨리기 때문이다. 특히 그들은 변화에 헌신적이기 때문에 스스로의 역할을 깊이 인식하고 꾸준히 실천할 수 있는 사람들이다. 특정 분야에서는 리더보다 더 전문성과 열정을 가지고 있기도 하다.

감사의 정신을 필두로 한 그래티튜드 경영을 전사적으로 확산시키기 위해 노력하기는 했지만, 그것을 강요할 수는 없었다. 또한 마음에서 우러나는 진심으로 해야만 효과가 있지, 억지로 해서 될 일도 아니었다. 그래서 무엇인가 새로운 전기를 마련할 수 없을까 고민하기 시작했다.

조직의 심장을 통해
혁신을 전파하다

그 과정에서 유독 한 부서의 활동이 눈에 띄었다. 장비 그룹이었다. 과거 장비 그룹은 이직률이 제일 높은 부서였지만, 감사 활동을 활발하게 한 뒤 팀 문화가 완전히 달라졌다. 그렇게 시작된 긍정의 에너지는 순식간에 팀 전체로 확산되었고, 다른 팀들보다 더욱 많은 활동을 하고 있었던 것이다.

장비 그룹이 유독 다른 부서와 달랐던 결정적인 이유가 궁금했다. 그 이유를 찾아가던 중 한 사원이 모든 변화의 중심축이라는 사실을 알게 됐다.

그는 무려 8,000개 넘는 감사 메시지를 작성해 당당하게 마법 노트 1위를 기록하고 있었다. 그는 하루에 평균 50~60개의 감사 메시지를 꾸준히 보내고 있었으며, 그의 꾸준한 노력 덕분에 마법 노트 작성에 동참한 사람도 적지 않았다. 우리도 모르는 사이, 그가 '변화 촉진자' 역할을 하고 있었던 것이다.

그의 모습을 보면서 바로 '심장'이 떠올랐다. 심장에서 뿜어져나온 혈액이 전신으로 흐르면서 몸을 건강하게 만들기 때문이다. 어떻게 보면 장비 그룹 자체가 회사를 구성하는 전체 조직에 그래티튜드 경영을 전파하는 심장과도 같았다고 할 수 있다. 해답은 곳곳에 이런 심장과 같은 사람과 조직을 만들어, 그들이 변화의 촉진자 역할을 하게 하는 것이었다.

그렇게 해서 1,000개 이상의 감사 메시지를 작성한 직원들을 모아 놓고 '감사나눔경영위원회'를 출범시켰다. 그들이 하는 일은 명확하면서도 목표 지향적이었다. ▲부서 내에서 감사 활동을 적극 장려하는 데 최선을 다할 것 ▲정기적으로 모임을 가지고 감사 활동을 더욱 효과적으로 실천할 수 있는 아이디어를 찾아낼 것, 그리고 마지막으로 ▲회사에서 실천할 수 있는 구체적인 감사 안건을 내놓고 그 운영과 평가를 맡는 것이었다.

이들의 역할은 회사에서 진행되는 혁신 시스템과 수용자들의 정서적 시스템을 연결시켜주는 것이라고 할 수 있다. 그들은 이쪽에서 저쪽으로 건너가는 다리(bridge)였으며, 구멍 난 틈새를 막아주는 이음새였다.

특히 그들은 스스로 감사의 중요성에 대해 누구보다 체감하면서 동시에 실제 조직원들의 니즈와 감성을 알고 있어 이러한 역할을 하기에 최적의 조건을 갖추었다고 할 수 있다.

물론 그들 역시 처음 해보는 변화 촉진자 역할이었기에 초창기에는 방향을 잡기가 쉽지 않았다. 그렇지만 관련 회의가 계속되고 스스로 관련 업무에 집중하다보니 서서히 변화가 일어나기 시작했다. 감사 활동에 적극적이지 않았던 직원들의 동참이 조금씩 늘어나기 시작하더니 회사 전체의 감사 역량 역시 강화되기 시작했다. 자그마한 태풍의 핵이 결국 거대한 태풍의 위력을 만들어내는 형세였다.

사실 감사나눔위원회의 숫자는 전 직원의 1퍼센트 남짓이다. 그럼에도 불구하고 이 1퍼센트가 일으키는 자극이 조직 전체를 얼마나 달라지게 하는지 관찰할 때마다 놀라지 않을 수 없다. 사실 늘 이런 작은 차이가 종국에는 큰 결과를 가져온다. 원숭이와 인간의 DNA는 겨우 1.3퍼센트밖에 차이 나지 않고, 바닷물에 포함된 염분 역시 3퍼센트 미만에 불과하다. 그렇지만 이 작은 변화가 인간을 세상의 주인으로 만들고, 지구의 바다를 썩지 않게 만드는 것이다.

변화와 혁신에 목마른 경영자가 조급한 마음을 갖는 경우도 있다. 왜 빨리 변화되지 않느냐며 직원들을 다그치는 일도 생긴다. 많은 전문가가 "변화를 만들기 위해서는 환경부터 변해야 한다"고 말한다. 변화 촉진자들은 그 자체로 다른 조직원들의 변화를 만들어내는 훌륭한 인적 자원이라고 할 수 있다.

선한 사람들 옆에 있으면 그들을 따라서 스스로도 선해지고, 그렇지 않을 경우에는 반대로 감성이 서서히 나쁘게 변할 뿐이다. 그런 점에서 사람은 곧 또 다른 사람에게 환경인 셈이다. 감사나눔위원회를 통해 변화 촉진자 역할과 능력을 충분히 느낀 우리의 경험은 또 다른 회사의 더 나은 변화를 위한 밑거름이 될 것이다.

PART 4

조직문화는 성과를
이끌어내는 힘이다

조직문화가 '문화'에 그친다는 오해와
편견에서 벗어나라

경영자들에게 '리스타트(restart)'라는 말은 상당히 중요한 의미라고
할 수 있다. 사실 경영이란 매일매일이 새로운 것의 연속이다. 잘못
된 전략은 계속 수정해야 하고, 문제가 생기면 끊임없이 발 빠르게
대처해야만 한다. 결국 경영자들에게 리스타트는 생활이며 습관이며
피할 수 없는 상황이다.

문제는 이러한 리스타트를 위한 충분한 무기와 역량을 갖추고 있느
냐는 점이다. 이를 위해서는 회사 내에 몇 가지 중요한 시스템을 안
착시킬 필요가 있다. 소통과 협력의 시스템, 갈등을 관리하는 시스템,
그리고 협업을 이끌어내는 시스템들이다. 이것들이 잘 갖추어져 있
으면 경영자는 훨씬 유연하고 손쉽게 주어진 상황에 대처하면서 매
일 리스타트하는 역량을 키워나갈 수 있을 것이다.

실패에서도 교훈을 이끌어내다

"성공이란 열정을 잃지 않고 실패를 거듭할 수 있는 능력이다."

윈스턴 처칠(Winston Churchill, 정치인)

기업 경영에서 정답이란 있을 수 없다. 이 말은 곧 늘 오답과 실패 속에서 자신의 길을 찾아나가야 한다는 의미이다. 그렇지만 실패는 기업에 적지 않은 리스크를 안겨주기 때문에 모든 경영자가 가능하면 회피하려고 한다.

그러나 한편으로는 이 리스크가 있어야만 새로운 기회도 있다. 급격한 성장을 경험한 적지 않은 경영자들이 '위기가 기회'라는 말을 하는 것도 바로 이러한 이유 때문이다. 기존 질서가 깨지고 그것이 흔들리는 상황에서 새로운 기회가 창출된다.

이러한 두 가지 사실을 종합해보면 경영에서 맞닥뜨리는 오답과 실패, 리스크는 참으로 다루기 난감한 것이다. 성공을 위해서는 회피해야 하지만, 성공을 위해서는 반드시 존재해야 하기 때문이다. 이 문제를 해결할 수 있는 방법은 무엇일까?

세계적인 혁신 기업들이 '실패 파티'를 하는 이유

우리나라의 근대화는 절체절명의 간절함 속에서 이루어져왔다. 풍요로운 자원이 없던 한국 기업인들은 한정된 자원, 짧은 시간 안에 원하는 목표를 정확하게 달성하지 않으면 안 되었다. 이러한 상황에서 정해진 길을 벗어나는 오류는 곧 '실패'로 규정됐고, 그것은 '성공의 반대말'과 동일한 의미였다.

그러나 창의성이 중요시되는 21세기에 접어들면서 상황이 바뀌기 시작했다. 흔히 말하는 실패라는 것에도 다양한 스펙트럼이 존재하는 것은 물론, 때로는 실패를 해야만 성공의 길도 열릴 수 있다는 새로운 인식이 형성되기 시작했다.

세계 경영 이론의 흐름 역시 이러한 실패를 재조명하기 시작했다. 듀크 대학교 경영대학원의 심 싯킨(Sim Sitkin) 교수는 '똑똑한 실패'라는 개념을 제시했다. 불확실한 상황에서 위험을 감수하고 도전했으나 목표를 달성하지 못했을 때도 만약 그것이 기업에 오히려 도움이 된다면 이는 '똑똑한 실패'라는 이야기이다. 이후 '창조적 실패', '칭찬받아 마땅한 실패'라는 다양한 개념들이 만들어졌다. 모두 실패의 이면에 있는 도약과 성숙의 계기를 주목한 것이라고 할 수 있다.

그런데 이러한 모든 긍정적 의미의 실패에는 한 가지 태도가 전제되고 있다. 그것은 바로 '실패를 기꺼이 받아들이고, 심지어 실패를 감사하는 태도'이다. 글로벌 혁신 기업이라고 할 수 있는 3M이나 P&G 등의 기업에는 실패상(賞)이 있는가 하면, 심지어 '실패 파티'라는 것도 존재한다. 실패를 치하하고, 감사하고, 그것을 즐긴다는 의미이다.

그들이 실패했을 때 그것에 감사하고 즐기는 것은 실패를 전혀 다른 맥락으로 바라본다는 것을 의미한다. 실패를 실패로 놔두면 우울과 좌절감을 느끼게 되지만, 그 실패를 감사와 즐거움으로 승화시키면 또 다른 차원으로 도약해 발전하게 된다. 또한 상황을 보다 냉철하게 보고, 더 나아가 그것을 돌파할 수 있는 새로운 지혜까지 얻게 된다.

최악의 투자 실패에서
우리는 무엇을 배웠는가

2006년에 국내 시장의 한계를 벗어나기 위해 싱가포르 정부 투자기관 EDB, 현지 반도체 후공정업체와 3자 합작으로 싱가포르에서 처음으로 첨단 후가공 기술인 범핑(bumping) 공장을 설립했다. 이전까지는 싱가포르에서 웨이퍼(wafer)를 만들어 대만으로 보내면 대만에서 범핑을 하고 다시 싱가포르에 와서 후공정과 테스트를 해왔다. 모든 작업이 한곳에서 이뤄지지 않아 비용과 시간이 많이 들어가는 것은 당연했다.

이러한 상황을 간파한 3자 회사는 합작을 통해 서로 경제적인 이익을 추구할 수 있으리라는 확신에 따라 새로운 합작 회사를 설립했다. 이렇게 좋은 환경에서 출발했음에도 불구하고 '네패스'라는 회사와 우리의 기술을 알리는 데만 2~3년 걸렸다. 물론 그 후 품질과 기술력을 인정받아 글로벌 메이저급 회사들로부터 수주를 받으며 흑자를 냈지만, 또 다른 문제들이 생겨났다. 공장의 생산 능력이 부족해 고객과의 약속을 지키지 못하는 상황이 발생한 것이다. 따라서 우리는 고객에게 양해를 구하며 기존 고객들에게 같은 비율로 물량을 줄여서 공급하는 한편, 증설을 서둘렀다.

그렇지만 일부 업체들은 불만이 쌓일 수밖에 없었다. 다른 회사를 위한 물건을 제조하느라 정작 자신들의 물량이 홀대받고 있다고 생각되었기 때문이다. 결국 증설되고 나자 기존 고객들이 이탈하기 시작했다. 불만이 쌓였던 고객들이 다른 공급처에서 물건을 공급받기 시작해, 결국 우리 회사는 심한 경영난을 겪게 됐다. 반도체 관련 사업은 몇 달 만에 신규 거래처를 확보할 수 있는 것이 아니다보니 심각한 경영난에 빠져, 마침내 싱가포르에서 철수할 수밖에 없었다.

이 사건은 네패스 경영 역사상 최악의 투자 실패로 기록된다. 그렇지만 이 과정에서 몇 가지 교훈을 얻었다. 첫째, 고객과 지키지 못할 약속을 해선 절대로 안 된다는 점이다. 둘째, 호황일 때 더욱 조심해야 한다는 점이다. 가동률이 저조해서 영업 부서에서 힘들어하는 것이 물량이 너무 많은 상태보다 훨씬 낫다고 할 수 있다. 셋째, 실패에도 교훈이 있다는 것을 감사해야 한다는 점이다.

이후 싱가포르 생산 장비의 2분의 1을 대만 업체에 매각하고, 나머지 반은 한국으로 이전한 후, 다시 중국에 신설 법인을 세워 이전했다. 현재 중국에서는 처음으로 12인치 범핑 공장을 운영하고 있으며 중국 정부의 반도체 사업 육성정책의 일환으로 향후 괄목할 만한 성과를 이룰 것으로 기대하고 있다.

결국 중요한 것은 '그 실패에서 무엇을 배울 것인가' 하는 점이다. 우울한 감정으로 실패를 봤을 때는 그 안에서 건질 수 있는 소중한 경험이 모두 사라진다. 일단 마음속에서 그 실패를 인정하고 싶지 않으니, 그 안에서 무엇을 발견하려는 행위조차 초라해 보이는 것이다. 그러나 감사하는 마음을 가지면 실패에 대한 수용성과 개방성이 높아지고 그 안에서 교훈을 발견할 가능성이 훨씬 많아진다. 어두운 밤길이라며 아예 가려고 하지 않는 것과 어두운 밤길임에도 조명을 들고 그곳을 탐험하려는 적극성은 전혀 다른 결과를 초래한다. 이렇듯 실패에도 감사할 수 있는 기업의 능력은 실패와 위기를 새로운 터닝 포인트로 만들어줄 것이다.

업무 성과는 공유 시스템에
달려 있다

───────

"자신의 업무에 대한 정확한 목표를 갖고 있지 않은 사람이
인재가 될 확률은 0.000001퍼센트보다도 적다."

피터 드러커(Peter Drucker, 경영학자)

업무 성과는 곧 회사의 업무 공유 시스템과 아주 밀접한 연관성을 맺고 있다. 직원 개개인이 아무리 개미처럼 성실하게 일한다고 하더라도 그것이 함께 공유되지 않으면 비효율적인 일이 많이 생기기 때문이다. 그뿐만 아니라 이러한 업무의 공유는 일의 시너지를 폭발시키는 힘을 가지고 있다. 그저 열심히 일만 하는 것과 그 일을 총괄적 시점에서 가늠하고 조정하며 전략적 선택을 하는 것은 큰 차이가 있기 때문이다.

특히 직원들에게 업무를 통제할 수 있는 권력을 부여한다는 점에서도 큰 의미가 있다. 이렇게 스스로 통제감을 가지고 일을 대하는 직원들은 그 일을 더욱 완벽하게 하기 위해 애쓰며,

그것이 완성되어가는 과정 자체를 즐긴다. 자연스럽게 회사의 업무 성과가 올라갈 수밖에 없다는 이야기이다.

협업을 가속화하는
업무 공유 시스템

사실 경영자가 아주 특별한 신경을 쓰지 않는 한, 직원들이 현재 하고 있는 업무의 효율성에 대해서 많은 관심을 가지기는 쉽지 않다. 만약 경영자가 '어차피 일이란 힘들고 괴로운 것이니 어떻게 해서든 해내야 한다'고 생각하면, 직원들은 점점 더 힘들어진다. 그리고 직원들이 이러한 상태에 있으면 당연히 경영자가 원하는 업무 성과도 나오지 않는다. 이것이 하나의 악순환을 이루게 된다.

그뿐만 아니라 경영자는 세세한 일에 관여하지 않기 때문에 업무 과정에 얼마나 많은 복잡성과 비효율성이 존재하는지 알지 못한다. 따라서 업무 성과를 높이고 싶다면 경영자가 직원 입장에서 일을 얼마나 효율적이고 흥미롭게 진행할 수 있는지부터 파악해야만 한다.

네패스의 경우에도 규모가 점점 커지면서 보다 원활한 협업의 필요성이 제기되었다. 우리는 이 과정에서 '업무 공유'에 특히 주목했다.

그간 꾸준히 해왔던 감사 활동 등을 통해 커뮤니케이션이 원활해진 만큼, 업무 공유만 좀 더 정확하게 진행된다면 성과가 더욱 높아질 것이라고 예상했기 때문이다. 그렇게 해서 탄생한 것이 바로 특유의 업무 공유 기법인 VP(Visual Planning)였다.

VP의 시스템 자체는 아주 간단하고, 쉬우며, 빠른 시간 안에 진행된다. 매일 아침 약 30분간 같은 부서 직원들끼리 모여서 각자 오늘 할 업무 내용을 발표하고 논의한 다음, 보드에 시간대별로 표시하는 것이다. 일종의 업무 브리핑이라고 할 수 있다. 처음에는 화이트보드에 하다가 차츰 시스템이 발전해 손쉽게 뗐다 붙였다 할 수 있는 포스트잇이나 벨크로 게시판을 활용했다. 이것은 일반적인 아침 회의와 비슷할 수도 있지만, 핵심적인 것은 '업무 진행 과정'에 모든 활동의 초점이 맞춰져 있다는 점이다. 이러한 업무 공유 시스템을 활용하기 시작하자 상당한 효과들이 나타나기 시작했다.

감사 활동과 연계된
VP 시스템

우선 직원들 사이에 효율적인 협업 환경 자체가 조성된 것이다. 사실 협업은 협업 그 자체의 문제이기보다는 협업을 위한 '환경'의 문제인 경우가 적지 않다. 현재 일이 매우 버거운 상태임에도 불구하고 그것에 대해 이야기할 수 있는 소통 창구가 없다든지, 그러한 상태를 말했을 때 주변의 반응이 두려운 경우도 있을 수 있다. 따라서 당사자는 이러저러한 방법으로 협업하고 싶어도 그 환경이 따라주지 않는 것이다. 특히 이러한 문제는 직급이 낮을 때 더욱 많이 발생한다.

그렇지만 VP 활동을 시작하면서부터 보다 실질적인 협업 환경이 구축되기 시작했다. 어느 누구라고 할 것 없이 모두 매일 아침 업무에 대해 발표할 수 있고, 이를 통해 투명한 업무 공유와 그로 인한 협업 환경이 만들어졌기 때문이다. 또한 업무의 비능률적 요소가 제거되었다. 실제 업무는 그 진행 과정에서 지속적으로 효율화가 이뤄져야 한다. 시기적으로 급한 업무가 있는가 하면 그렇지 않은 업무가 있기 때문에, 이것이 효율적으로 이뤄지면 그 진행 속도가 더욱 빨라진다. VP는 바로 이러한 요소들을 자동화하는 특성을 가지고 있다. 의사소통 과정에서 누구나 이 부분을 판단하고 서로가 조율할 수 있기 때문이다.

이와 동시에 목표 관리도 명쾌해졌다. 누가 업무를 어느 정도 달성했는지 알 수 있고, 이러한 진행 상태를 게시판에 표시하기 때문에 수시로 확인하면서 자신의 업무를 그에 맞춰 관리할 수 있게 된 것이다.

또한 이것은 각 부서별, 팀별 공동 프로젝트를 진행하는 데 훨씬 수월한 환경을 제공했다. 각 부서마다 주 단위, 월 단위로 목표를 세우고 합심해서 이뤄내게 된 것이다.

이렇게 특정 부서에서 VP 활동이 성과를 내기 시작하자 다른 부서로 전파되면서 회사 전체로 확장되는 효과가 나타났다. 또한 그때부터는 직원들의 자발성이 배경이 되어 다양한 응용 사례도 등장했다.

원래 VP 상황판에서 추가해 새로운 아이디어를 붙일 수 있는 칸이 등장하는가 하면, 토론 과제를 내세워 서로 토론한 후 업무를 하기도 했다. 또한 이것이 감사 활동과도 연계되기 시작했다. 기념일 칸을 만들어 생일이나 결혼기념일을 표시해 서로 축하하고 감사하는가 하면, 칭찬거리를 메모해 서로 감사를 표하기도 했다.

사실 업무에서 직원들이 어느 정도 통제감을 가지고 있느냐는 꽤 중요한 문제이다. 예를 들어 시작과 마무리 및 전체 일정에 대해 통제감을 갖지 못하는 직원들은 일 자체에 대한 애착이 떨어진다. '내가 조절할 수 있는 상황이 아니다', '어차피 이렇게 해봐야 또다시 지시가 떨어지면 상황이 달라질 텐데 뭐'라는 생각이 지배적인 경우에는 당연히 자신의 업무에 집중하기가 힘들어진다. 그렇지만 VP를 활용하면 이러한 통제감을 적극적으로 획득할 수 있다. 현재 자신의 상황을 알려주고, 함께하는 직원들의 상황을 알고 있어 누군가의 간섭을 받을 필요가 없어지기 때문이다.

VP 활동은 업무 공유의 자동화, 협업 분위기 조성, 팀별 프로젝트 관리에서 '최소 투자로 최대 성과'를 이끌어내는 툴이라고 할 수 있다. 특히 사내 의사소통을 더욱 촉진한다는 점에서 분위기도 더 좋아지고, 직원들이 서로를 이해하는 데 최고의 방법이다.

조직문화를 바꾸는
소통의 첫걸음

―――――

"타인과 관계가 좋지 못하거나, 그 사람이 당신과 있는 것을 싫어하거나,
당신이 옳은데도 그 사람이 동조하지 않으면,
정작 책망받아야 할 사람은 바로 당신이다.
왜냐하면 당신이 그 사람에게 마음과 정성을 다하지 않았기 때문이다."

레프 톨스토이(Lev Nikolayevich Tolstoy, 작가)

기업 내에서 의사소통 문제는 곧 기업의 경쟁력과 직결된다고 할 수 있다. 인체의 혈관이 막혀 피가 돌지 않으면 생명이 오래갈 수 없듯, 조직원 간의 소통이 단절되고 서로를 존중하는 문화가 사라지면 기업의 경쟁력을 갉아먹게 된다. 특히 기업의 규모가 점점 커지고 직원들이 늘어나면 부서별로 장벽이 생기고, 심지어 간단한 의사소통조차 쉽지 않게 된다. 문제는 이러한 작은 의사소통에서도 동맥경화 증상이 생기기 시작하면 생각지 못한 큰 문제가 발생할 수 있다는 것이다. 그뿐만 아니라 이 소통 문제는 기업의 조직문화와도 직결된다. 폐쇄적인 부서 이기주의가 조직을 장악하거나 직원들끼리 불신과 배격의 문화가 형성되기 시작하면 상황이 더욱 심각해지기 때문이다.

정서적, 감정적 고통을
잘 관리하라

만약 한 직원이 몸이 아픈 상태로 출근해 하루 종일 그 고통을 감내하며 일한다고 생각해보자. 해당 직원은 하루 종일 일하는 것이 괴로울 뿐만 아니라 일에 집중하지 못할 것이라는 사실은 누구나 예상할 수 있다. 이런 경우 대부분의 상사나 경영자들을 그 직원에게 그만 일하고 병원에 가라고 할 것이다. 고통스러운 사람에게 일을 시키는 것은 그 자체로 비도덕적일 뿐만 아니라, 함께 있는 다른 조직원들에게도 긍정적인 영향을 미치지 못한다.

그런데 눈에 보이는 물리적인 고통만 있는 것이 아니다. 때로 이 물리적인 고통을 압도하는 것이 바로 회사 내에 존재하는 정서적이고 감정적인 고통이다. 사람들은 괴로운 얼굴 표정에서 드러나는 물리적 고통은 잘 보는 반면, 그 사람의 마음속 아픔과 괴로움은 잘 보지 못한다.

실제 한 의학 저널에 발표된 고통에 대한 논문은 꽤 놀라운 사실을 알려준다. 스물아홉 살 목수가 일하던 중에 발을 헛디뎌 10센티미터 넘는 못을 밟았는데 그 못이 구두를 관통했다. 그는 극심한 고통을 호소해 병원으로 실려갔다. 일단 그에게 강력한 진통제를 투여한 뒤 천

180

천히 구두 제거 작업을 진행했다. 그런데 막상 구두를 벗겨보니 믿을 수 없는 상황이 펼쳐졌다. 못이 구두와 발가락 사이를 관통했을 뿐, 실제 발에는 상처가 전혀 없었던 것이다.

이러한 사실은 통증이라는 것이 실제의 물리적인 통증과 전혀 상관없을 수 있으며 정서적인 고통이 물리적인 고통을 압도할 수 있다는 사실을 보여준다. 이러한 일이 발생하는 것은 우리 뇌에 '공감 능력'이 내재해 있기 때문이다. 못이 구두를 관통했다는 그 객관적인 사실을 보자마자 뇌는 과거 못에 찔린 경험을 떠올려 그것을 실제 일인 양 공감하면서 고통을 느끼기 시작하는 것이다. 실제 부모가 무서운 얼굴을 하고 아기를 바라보면 방긋방긋 웃던 아이도 몇 분 지나지 않아 울게 된다. 이는 아기에게 공감 능력이 존재하기 때문이다.

직장에서 상사의 표정이 화난 듯하면 직원들도 냉랭함을 느끼는 것 또한 이러한 공감 능력 때문이다. 조직의 부정적인 문화와 소통이 되지 않는 답답함, 그리고 그것으로 인한 냉정함이 감돌면 직원들은 본인들도 모르게 정서적인 고통을 당하게 된다. 이것은 몸이 아픈 직원이 일하는 상태와 크게 다르지 않은 결과를 초래한다. 차갑게 얼어버린 마음으로 침울하게 일하는 직원은 실제 몸이 아픈 직원보다 훨씬 더 아픈 상태와 같다고 할 수 있다.

때로는 사소한 것이
생각과 행동을 바꾼다

이러한 소통의 부재, 그리고 그것이 만들어내는 답답하고 부정적인 조직문화를 어떻게 하면 바꿀 수 있을까? 경영자들 역시 이러한 문제를 인식하고 있어 다양한 방법을 강구한다. 그중에서 모든 소통의 출발점이 되는 인사와 호칭에 변화를 주는 것이 매우 효과적이면서 긍정적인 결과를 낳았다. 누군가를 처음 만났을 때 인사하고, 대화를 시작하기 전에 누군가를 호명한다는 점에서 이 인사와 호칭 문제는 모든 소통의 출발점이다. 출발점부터 바꾸면, 결과적으로 최종적인 목표 지점도 바뀌게 마련이다. 이는 비록 사소한 것처럼 느껴질 수도 있지만, 생각보다 효과가 강력하다.

지난 1984년부터 무려 20년간 디즈니랜드 최고 경영자로 일했던 마이클 아이즈너(Michael Eisner)가 부임한 후 처음으로 했던 일이 바로 직원들 간의 호칭을 바꾼 것이다. 우선 직책에 관계없이 이름만 부르게 함으로써 가족적인 분위기를 만드는 한편, 때로는 직책명 자체를 '할리우드 스타일'로 바꾸기도 했다. 예를 들어 '콘셉트 개발 담당 부사장'을 '디즈니랜드 프로듀서'로 바꾸는 식이다. 이렇게 호칭 바꾸기에서 시작된 조직문화의 변화는 놀라운 성과를 가져다주었다. 디즈니랜드는 마이클 아이즈너가 부임한 이후 10년 만에 무려 6배 규모로 성장했다. 이러한 호칭의 변화는 개방적이고 수평적인 문화를 만들어냄으로써 직원들에게 편안한 조직문화를 선사했고, 이것이 기업의 경쟁력으로 이어졌던 것이다.

이러한 문화의 변화를 흔히 '바운더리리스(boundaryless)'라고 부른다. 팀과 개인 사이에 있는 바운더리(경계)를 제거함으로써 정보의 흐름을 원활하게 만드는 것은 물론, 격의 없이 서로를 높여줌으로써 행복한 분위기를 만들어내는 것이다. 이런 행복한 분위기는 직원들에게 내재해 있을 수 있는 정서적, 심리적 고통을 제거하는 역할을 한다.

이렇게 조직문화가 바뀌면 제일 먼저 '협업에 대한 분위기'부터 바뀐다. 실제로 제록스에서는 타인을 돕는 연구원을 선정한 후 그들에게 '굿 시티즌(Good Citizen)'이라는 호칭을 부여했다. 그들은 늘 굿 시티즌이라는 이름으로 불렸고, 그 결과 사내 협업 분위기가 한층 좋아졌다고 한다. 협업이 잘되는 사내문화를 가진 기업이 전체 직원들의 역량을 더 높이는 시너지 효과를 이끌어가는 것은 너무도 당연하다.

사실 호칭 문제는 단순히 상대방을 어떤 이름으로 부르느냐의 문제가 아니다. 이는 듣는 상대방의 마음에 심리적인 영향을 끼치고 그 결과 생각과 행동을 바꾸는 역할을 한다. 단순히 호칭만 바꿔도 사람들의 마음에서는 새로운 변화가 시작된다는 이야기이다.

실제 국내의 한 법원 부장판사가 이를 실험해본 적이 있다. 서로 화해를 통해 문제를 해결해야 하는 상황일 경우, 판사는 '화해권고'라는 것을 하게 된다. 일반적으로 판사들이 소송 당사자들을 부를 때는 '피고', '원고'라는 딱딱한 법률 용어를 사용한다. 그렇지만 그 부장판사는 매우 파격적으로 '여사님', '누님'이라는 말을 사용했다. 법조계의 일반적인 상황은 아니지만, 부장판사는 이러한 호칭이 사람들의 마음을 변화시킬 것이라고 확신했다. 실제 원고, 피고라고 부르는 것보다는 '여사님, 누님'이라고 불렀을 때 화해권고가 훨씬 잘 받아들여졌다.

사람들이 타인에게서 확인받는 첫 번째 자기 정체성은 바로 호칭에서 시작된다. 늘 '팀장님'이라고 불리는 사람은 스스로를 '팀의 리더'라고 인식함으로써 책임감을 가지게 된다. 반면에 늘 '아저씨'라는 호칭에 익숙한 사람이 그 호칭을 통해 책임감이나 리더십을 느끼기는 쉽지 않다.

선한 영향을 끼치는
슈퍼스타가 되라

네패스는 이러한 인사와 호칭 문제가 무엇보다 중요하다고 생각해 적극적인 변화를 추진하기 시작했다. 보통 사내에서 누군가를 만나면 "안녕하세요"라고 인사하지만 네패스 직원들은 "슈퍼스타(Superstar)"라고 인사한다. 이 인사말에는 두 가지 의미가 있다. '당신은 엄청난 재능과 역량을 지닌 최고의 슈퍼스타입니다', 그리고 '그런 당신을 깊이 존중하고 섬기겠습니다'라는 의미이다. 직원들은 상대에게 이 말을 내뱉는 순간부터 겸손과 존중을 표하게 되고, 이 말을 들은 상대방은 또한 스스로를 '슈퍼스타'로 인식하며 그 가치에 걸맞은 몸과 마음 자세를 갖추기 위한 자극을 받게 된다.

또한 사원에 대한 호칭은 '대리, 차장'이 아니라 '스타(Star)'이다. 최고 경영자도 신입사원을 '홍길동 스타'라고 부른다. 사장님에게 '스타'로 불리는 신입사원의 느낌은 어떨까? 좀 색다른 호칭 때문에 어색할 수도 있지만, 이 호칭이 반복되면 어느덧 스스로가 회사의 스타로 커갈 수 있으리라는 희망을 가지게 된다. 이러한 호칭은 상대를 존중하고 자신을 겸손하게 낮추는 호칭임은 물론, 여기에서 더 나아가 이웃을 돕고 사회의 어려움까지 돌볼 수 있는 정체성을 부여한다. 더불어 이러한 것들이 총체화되어 자신의 모든 주변 사람에게 선한 영향력을 끼칠 수 있는 사람이 되자는 의미도 있다.

특히 이메일 소통에서도 이러한 존경의 의미가 늘 함께한다. 네패스의 공식 이메일은 늘 'Superstar'라는 인사말로 시작해 'I will serve you(당신을 섬기겠습니다)'로 끝난다. 처음부터 끝까지 상대방에 대한 신뢰와 존중의 의미가 멈춰지지 않는다는 이야기이다. 이러한 인사말과 호칭의 변화는 네패스의 조직문화를 근본적으로 바꾸어주는 역할을 하고 있다.

많은 기업이 소통의 문제를 매우 중요하게 생각하지만, 정작 그것을 위한 첫걸음을 잘 떼지 못한다. 그것은 소통이 매우 복잡하고 합리적이며 여러 가지 문제가 얽혀 있는 것이라고 생각하기 때문이다. 그렇지만 첫 단추부터 잘 꿰는 것, 한 걸음부터 정확한 방향으로 내딛는 것이 중요하다. 그런 점에서 사내에서 서로에 대한 존중과 감사를 표현하는 호칭과 인사 문제는 여느 기업에서도 충분히 실천해볼 만하다고 생각한다.

감원은 경영을
악화시키는 악수다

<hr>

"경제가 어렵다고 사람을 내보내면 안 된다.
나중에 성장할 기회가 왔을 때,
그것을 놓치지 않으려면 감원하는 것은 바람직하지 않다."

구본무(LG그룹 회장)

기업이 어려울 때 경영자들이 가장 손쉽게 선택할 수 있는 경영 긴축
방법이 바로 감원이다. 생산량이 줄어들어 상대적으로 비대해진 조직
을 운영하기에는 경영상 부담이 되기 때문에, 감원이 가장 손쉬운 해
결책이라고 여기는 것이다. 물론 표면적으로는 감원을 하면 인력에
대한 비용을 빠르게 줄일 수 있어 효율적인 것처럼 여겨지기도 한다.
그러나 겉으로는 기업의 매출에 단기적인 건강성을 불어넣을 수 있을
지 모르지만, 실제로는 경영을 더욱 악화시키는 악수(惡手)라고 할 수
있다. 당장은 비용을 줄일 수 있을지 몰라도 그것으로 인한 피해는 막
대하기 때문이다.

직원은 끝까지
보존해야 하는 자산이다

"직원들을 비용으로 볼 것인가, 자산으로 볼 것인가?"라는 질문은 경영자들에게 근본적인 통찰을 안겨준다. 만약 직원을 비용으로 볼 경우에는 해고하기가 비교적 쉽다. 언제든 어려울 때는 '비용'을 줄여야하고, 이는 너무도 당연한 경영의 원칙이기 때문이다. 그렇지만 직원을 '자산'으로 볼 때는 이야기가 완전히 달라진다. 회사가 완전히 망해서 청산 절차를 밟는 경우가 아니라면 자산을 끝까지 보존해나가야 한다. 따라서 쉽게 해고하는 일은 결코 있을 수 없다. 이 두 가지 양극단의 시각은 회사의 경영과 매출이라는 실질적인 결과에 큰 영향을 미친다.

사실 감원은 '떠나간 자의 문제'에 그치지 않고 '남아 있는 자'들에게 더 큰 영향을 미치곤 한다. 예를 들어 직원들이 떠나가면 남은 사람들의 사기도 저하될 수밖에 없다. 또한 이러한 사기 저하는 회사에 대한 신뢰성 저하로 이어진다. '지금은 저 사람들만 떠나갔지만, 회사는 나도 언제든 해고할 수 있다'는 생각이 가슴에 박히면 회사보다 자신의 이익을 먼저 생각하게 된다. 이런 상황에서 '과감한 도전'이나 '창의적인 실패'가 발휘되기는 거의 불가능하다.

회사의 근원적인 동력 자체가 약화된다는 이야기이다.

특히 직원이 심정적으로 자신과 회사를 분리시키기 시작하면 공동체 의식이 현저하게 약화되는 것은 물론, 회사를 위한 사소한 희생도 거부하려는 생각이 강하게 든다. 물론 기업이 직원의 희생을 통해서 성장하는 것은 아니지만, 이러한 마음가짐 자체가 회사에 득이 될 리 만무하다.

전략 경영의 대가라고 불리는 오하이오 주립대학교 경영대학의 제이 B. 바니(Jay B. Barney) 교수는 자원 기반 이론(resource-based view)을 제시한 적이 있다. 그는 "무한 경쟁 시대에 지속 가능한 비교 경쟁우위의 원천은 희소성, 가치 창출, 비대체, 비모방 등의 특성을 갖춘 조직 내부 자원"이라고 말한 적이 있다. 바로 여기에서 '조직 내부 자원'이 바로 직원들이다. 결국 그는 회사의 전략적 경영에서 '가장 주목해야 할 자원'을 직원들로 보았다.

실제로 감원한 후 회사의 경영이 더욱 악화되는 사례도 있다. 고객 만족 경영의 전도사인 미국 미시간 대학교 클라스 포넬(Claes Fornell) 교수는 서비스 산업을 예로 들어 설명한다. 그는 "노동 집약적인 서비스 산업에서는 감원이 오히려 역효과를 가져온다"고 말한다. 예를 들어 한 호텔에서 감원을 통해 50퍼센트의 생산성을 높일 수 있지만, 그 과정에서 고객들은 과거에 받았던 서비스를 받지 못하게 되어, 결국 고객의 불만을 양상하고 고객이 회사를 떠나 50퍼센트 이상의 손실을 발생시킨다는 점이다.

물론 이러한 직원들의 공백을 메우기 위해 경영자는 직원들을 독려하거나 강압을 하겠지만, 이것도 한계가 있을 수밖에 없다. 직원도 결국 감정을 가진 사람이고 체력적인 한계가 있기 때문이다. 따라서 이러한 것들을 모두 무시한 채 무조건 독려한다고 해서 그것이 이루어질 리는 만무하다.

위기의 순간을 황금기로 바꾼
사고의 전환

역시 감원해야만 하는 최악의 상황에 닥친 적이 있다. 글로벌 금융위기로 인해 공장 가동률이 30퍼센트가량 떨어졌다. 생산직 직원들이 출근해도 할 일이 없는 상황이 발생한 것이다. 이러한 상황을 바라보며 장기적으로 인내할 수 있는 경영자는 그리 많지 않다. 비용 절감이 절실한 상황에서 일이 없는 직원들을 바라보기는 쉽지 않기 때문이다.

이미 업계의 다른 회사들은 적극적으로 감원하기 시작했다는 소식이 들리면서 마음이 흔들리기도 했다. 그렇지만 또다시 감원한다는 것은 상상하기도 싫었다. 우리 회사는 IMF로 대규모 감원을 단행한 적이 있다. 당시는 회사가 매우 심각한 상황이어서 그것 외에는 다른 방법이 없었다. 그러나 그 어쩔 수 없는 결정으로 상처가 남았고, 당시를 떠올리면 매우 괴로웠다.

사실 직원들은 '아무 죄 없는 사람'일 뿐이다. 그들이 IMF를 만들어낸 것도 아니고 불경기를 자초한 것도 아니기 때문이다. 그런 사람들에게 모든 책임을 떠넘기는 것 같아 경영자로서 감원을 쉽게 결정할 수 없었다. 또한 기술력 기반의 제조업인 네패스의 경우, 직원 한 명 한 명이 모두 최고의 기술을 구현하는 회사의 중요한 자산이었다. 그러므로 그들을 자른다는 것은 곧 회사의 가장 중요한 경쟁력을 잘라내는 것에 다름 아니었다.

따라서 결국 해고와 감원 대신 재교육 방법을 선택했다. 가동률 하락으로 시간적 여유가 생긴 직원들에게 직무 교육을 시키기 시작한 것이다. 당장 비용은 들지만, 어떻게 해서든 최대한 견뎌보자는 생각이었다. 그런데 직무 교육은 나중에 더 뛰어난 효과를 낳았다. 그동안에는 직원들이 한두 가지 업무에만 능통했지만, 직무 교육 후에는 인접 분야의 업무까지 동시에 해내는 멀티 플레이어가 된 것이다. 발상을 바꾸니 경기 침체가 오히려 직원들의 업무 능력을 높이는 '황금기'

가 되어주었다. 경기가 좋아서 계속 바쁜 상태였다면 직원들은 재교육받을 기회가 줄어드는 것은 물론, 계속 자신의 업무 능력을 충전할 기회도 없이 소진만 했을 것이다.

그 뒤 경기가 다시 활성화되기 시작하면서 공장 가동률은 100퍼센트에 육박했고, 재교육을 받은 직원들은 더 뛰어난 능력을 발휘하기 시작했다. 제품의 질이 더욱 좋아졌으니, 당연히 고객 만족도도 이전보다 훨씬 더 높아졌다.

불황은 늘
단기적이다

우리나라 기업 중에도 이런 장기적인 관점에서 인재를 중요하게 생각하는 경우가 많다. 가장 대표적으로 LG그룹 구본무 회장은 과거 "경제가 어렵다고 사람을 내보내면 안 된다"고 말한 적이 있다. 인재 양성과 그것이 회사의 핵심 가치에서 얼마나 중요한지 잘 알고 있기 때문이었다.

하지만 경영자 입장에서는 정말로 불가피하게 감원을 단행할 수밖에 없는 상황도 있다. 그렇다고 하더라도 우선 일상적인 시기에 사원들에게 최대한 안정감을 주고, 경영진 스스로 그 고통을 함께하고 있다는 사실을 알려주어야 한다. 토요타와 GM이 공동 설립했던 한 자동차 회사에서 그 사례를 찾을 수 있다. 이 회사는 노사가 협력을 잘해 뛰어난 생산성을 올렸다. 일단 이 회사의 기본적인 철학은 "기업의 장기적인 미래가 심각한 위협을 받지 않는 한, 그 어떤 직원도 정리해고 대상이 될 수 없다"였다. 이처럼 회사가 공개적으로 천명해 직원들에게 심리적 안정감을 주고, 회사가 자신들을 얼마나 소중하게 생각하는지 각인시킨다.

그런데도 정리해고를 해야만 하는 부득이한 상황에 닥치면 우선 외주 계약을 철회해 자기 직원들부터 보호하고, 이어서 경영진의 연봉을 삭감한다. 회사의 경영 부진은 1차적으로 경영진에게 잘못이 있으니 그들의 연봉부터 깎겠다는 바른 생각의 구현이다. 이렇게 회사가 할 수 있는 모든 조치를 했음에도 불구하고 상황이 나아지지 않을 때에야 해고를 단행한다. 이러한 모습은 직원과 경영진을 하나로 만드는 아주 중요한 프로세스라고 할 수 있다.

사실 장기적인 관점에서 봤을 때 늘 불황은 단기적일 수밖에 없으며, 기업의 발전과 성장은 지속되어야 한다. 그런 점에서 해고해야만 하는 '불가피한 상황'이라는 것도 결국 더 높은 발전과 성장을 이루는 과정에서 겪는 일시적인 고통에 불과하다.

그런 점에서 경영자들은 기업 경영 자체를 장기적인 관점에서 바라보아야 하고, 또한 이러한 관점을 온전히 가질 수 있을 때만 직원들을 '비용'이 아닌 '자산'으로 여길 것이다. 그리고 그 자산에 대한 꾸준한 투자와 애정 어린 시선은 그들이 회사에 헌신할 수 있는 마음 자세를 갖출 수 있도록 도와줄 것이다.

갈등 관리가 기업의
생사를 좌우한다

―――

"'제가 잘못했어요'라는 한마디는 긍정적인 사람들의 말이다.
이 말은 불편한 인간관계로부터 오는 고통을 사라지게 하고,
협상을 진행시키며, 논쟁을 끝내고, 치유를 시작하고,
심지어 적을 친구로 바꾸는 일을 할 수 있다."

리치 디보스(Rich Devos, 암웨이 공동 창업주)

조직의 유지와 발전을 위한 핵심적인 키워드 중 하나가 바로 '갈등 관리'이다. 이 문제가 해결되지 않으면 조직의 생명력은 그 심층에서부터 와해된다. 두 사람 간의 반목이 팀 단위의 반목으로 이어지고, 더불어 사내에서 '정치적 라인'이 형성되며, 조직문화 자체가 갈등을 통제하지 못하는 수준으로까지 발전할 수 있다. 특히 인력이 사업의 매우 중요한 토대가 되고 있는 중소기업과 중견기업의 경우에는 이러한 갈등 관리가 기업의 생사를 좌우하는 중요한 이슈가 될 수밖에 없다.

중요한 것은 갈등을 완전히 예방하거나 제어할 수 없다는 점이다. 이는 기업뿐 아니라 세상의 모든 조직에서 마찬가지이다. 중요한 것은 그것이 발생했을 때, 무엇이 그것을 탄력적으로 방어하고, 또 그것

을 어떤 방식으로 승화시키느냐 하는 점이다. 이를 위해서 경영자들이 반드시 신경 써야 할 것은 바로 '사람과 사람 사이에 맺어지는 관계의 질'이다.

조직 내 갈등관계는
암세포와 같다

갈등이 가지고 있는 가장 심각한 문제 중 하나는 그것이 아주 빠른 확산성을 가지고 있다는 점이다. 때로는 갈등이 그저 '봉합'되는 것처럼 보이기도 하고, 겉으로 요동치지 않으면 '시간이 해결해주겠지' 생각하기도 한다. 그러나 갈등의 본질을 알면 이러한 생각이 매우 순진하다는 사실을 곧 깨닫게 된다. 갈등은 시간이 흐를수록 더 강하게 서로를 균열시키고 주변 사람들을 감염시켜 그 갈등에 동참하도록 만드는 특성을 지니고 있기 때문이다.

갈등이란 우선 사람들의 '방어기제'와 결합함으로써 상대에게 점점 더 강력한 공격을 감행하게 된다. 사람은 누군가로부터 공격을 받으면 그것을 순순히 인정하기보다 자신의 정당성을 주장하기 위해 본능적이면서도 공격적인 또 다른 행동을 하게 된다. 그것이 바로 '역공'이라는 것이다. 심리적으로는 자기 자신을 보호하기 위한 '방어기제'라고 일컬어진다. 또한 '상대방에게 지면 안 된다'는 승부욕이 발동하기 시작하면 이러한 방어기제는 더욱 강하게 작용한다.

그렇지만 이러한 역공을 당하는 사람 역시 똑같은 본능과 심리를 가지고 있다. 결국 하나의 갈등이 역공과 방어기제와 뒤엉키면서 점점 더 골이 깊어진다. 만약 갈등이 이 순간에 특정한 방법으로 관리되지 않으면, 결국 파국에 이를 뿐이다.

또한 갈등이 빠르게 확산되는 것은 우리의 뇌에 '거울 뉴런'이라는 것이 있기 때문이다. 이는 타인의 감정을 파악하고 그것을 빠르게 재생산하는 것을 말한다. 학창 시절, 선생님이 교실 문을 박차고 들어와 인상을 찡그리면, 순간 학생들은 숙연해지며 눈치를 보고 침묵한다. 선생님은 아무런 말도, 아무런 행동도 하지 않았는데, 표정 하나만으로 학생들의 분위기는 순식간에 찬물을 끼얹은 것과 같이 바뀐다. 이것은 바로 우리에게 거울 뉴런이 있기 때문이다.

조직에서 갈등이 생기는 것은 바로 선생님의 찡그리는 듯한 표정과도 같다. 그 자체만으로도 주변에 확산되며 영향을 미친다는 것이다. 따라서 갈등 때문에 고성이 오가거나 제도적인 충돌로까지 이어지면 팀원들의 마음을 얼어붙게 만들고, 그것이 감정을 격하게 하는 것은 너무나 자연스러운 결과라고 할 수 있다.

특히 조직 내의 갈등은 일반적인 사회 갈등이나 가족 내 갈등과 질적으로 다르다. 성과를 내야만 하는 치열한 경쟁 상황과 고용 불안에 대한 생존의식 자극 등은 갈등 양상을 더욱 과격하고 급격하게 만들 가능성이 매우 높기 때문이다. 이런 조직 내 갈등은 선진국일수록 더욱 심하다.

CEO이자 칼럼니스트인 앤 크리머(Anne Kreamer)는 지난 2000년대 말 미국 전역의 기업을 조사하며 조직 내 갈등에 대해 직장인들과 인터뷰를 했다. 그 결과 미국인들이 가장 많이 느끼는 감정은 '좌절과 분노'였으며, 최근 1년 동안 상사가 부당한 이유로 자신에게 불같이 화를 낸 적이 있다는 응답자는 전체의 60퍼센트에 달했다. 이는 경쟁이 치열할수록 조직 내 갈등 역시 더욱 심화된다는 증거라고 할 수 있다.

긍정적인 피드백으로
관계의 질을 높여라

이렇듯 조직에 막대한 영향을 미치는 갈등 관리를 위해서 경영자는 사력을 다해야만 한다. 구글 역시 이를 해결하기 위해 '프로젝트 옥시젠(Project Oxyzen)'이라는 인간 분석 프로젝트를 진행하고 있다. 구글은 "우리 구글의 미래를 위해 차세대 검색 엔진 알고리즘을 만드는 것보다 더욱 중요한 것은 바로 좋은 보스를 길러내는 방법이다. 좋은 보스는 회사의 성과를 높일 뿐만 아니라 부하들을 행복하게 한다"고 판단하고 있다. 조직 내 갈등 해결 방법은 매우 다양하다. 시스템적으로 갈등의 해결 구조를 만들 수도 있고, 멘토 제도를 통해서 맞춤형으로 고민을 상담해줄 수도 있다. 또한 직원들이 단결할 수 있는 친밀한 자리를 자주 마련하는 것도 방법일 수 있다. 그렇지만 가장 근원적인 방법은 바로 '사람과 사람 사이의 관계의 질(quality of relationship)'을 높이는 것이라고 할 수 있다.

부모와 자녀의 관계를 생각하면 이해하기 쉽다. 서로를 생각하고 배려하는 부모와 자녀 사이에는 비록 갈등이 생기더라도 원만하게 해결하는 방법을 쉽게 찾는 반면, 그렇지 못한 관계에서는 훨씬 가벼운 문제로도 쉽게 충돌하고 그것이 심각한 상황을 부르는 것과 마찬가지다. 따라서 사람과 사람 사이의 기본적인 토대인 관계의 질이 좋아지면 갈등에 대처하는 보다 현명한 방법이 생겨나는 것은 당연하다.

또한 이처럼 관계의 질이 좋아지면 전반적인 기업의 생산성에도 상당한 영향을 미친다. 미국 저가 항공의 신화를 쓴 사우스웨스트 항공사의 CEO 허브 켈러허(Herb Kelleher)는 이러한 관계의 질을 향상시키기 위해 큰 노력을 기울여왔다. 많은 사람이 이 항공사의 높은 성장과 직원들의 단결력을 궁금해했고, 이를 위한 한 연구 방법으로 허브 켈러허가 복도를 걷는 장면을 촬영해 분석한 적이 있다.

켈러허는 직원과 고객들에게 끊임없이 감사의 말을 전하는 것은 물론, 미소를 짓고 먼저 악수를 청하고 따뜻하게 포옹했다. 직원들은 정말 진심으로 "우리는 허브 켈러허를 가족으로 생각한다"고 말할 정도였다. 상사의 감사와 칭찬, 먼저 다가서고자 하는 다양한 행동은 바로 가장 근원적인 '관계의 질'을 개선하는 최선의 방법이라고 할 수 있다.

네패스에서는 이러한 직장 내 관계의 질을 높이기 위해 사보를 활용하고 있다. 사보에는 '감사 편지 릴레이' 코너가 있다. 자신이 평소에 감사하게 생각하는 사람에게 편지를 쓰고 그것을 사보에 게재하는 방식이다. 그리고 한번 감사의 대상으로 지목된 사람은 다시 또 다른 사람에 대한 감사 편지를 게재함으로써 릴레이가 되도록 하고 있다.

감사와 칭찬이 꼬리를 물고 연쇄적으로 이어지면서 사내 분위기를 밝게 할 뿐만 아니라, 관계의 질을 개선하고 있는 것이다. 이러한 '감사 편지 릴레이' 코너는 단지 감사를 주고받는 사람 두 명의 문제가 아니다. 이는 사보라는 미디어를 통해서 전 직원에게 공개되기 때문에 그 모습을 바라보는 사람들에게도 훈훈한 감정을 일으키고 자신의 관계를 반성하며 마음속에서 감사 대상을 떠올리게 한다.

사실 이러한 감사 편지 릴레이는 갈등 해결 방법 중 가장 이상적인 것으로 알려져 있다. 관리 및 조직 개발 분야에서 국제적으로 인정받는 컨설턴트이자 교수인 필립 헌서커(Phillip Hunsaker)는 "서로 간에 발전적인 피드백을 주고받으면 행동을 변화시킬 수 있다"고 말한다. 이것은 누군가를 패배자로 만듦으로써 자신이 승리자가 되는 제로섬 게임이 아니라, 나와 상대가 모두 이기는 윈윈 게임이라고 할 수 있다.

이와 더불어 보다 구체적인 '행동규범'을 정하는 것도 방법이다. 우리 회사에는 'n가족 행동규범 10계명'이라는 것이 있다. 이것의 면면을 살펴보면 '관계의 질'을 높이려는 노력이 곳곳에 눈에 띈다.

▲정직하게 보고하라 ▲겸손하고, 겸손하고, 또 겸손한 자세로 일하라 ▲타 부서 요청사항을 내 일보다 우선 처리하라 ▲선택의 순간에 손해 보는 쪽을 택하라 ▲혼자 일하지 말고 함께 일하라 ▲일과 쉼의 균형을 유지하라 ▲고객과 동료에게 좋은 것을 인풋(input)시켜라 ▲감사를 입에 물고 회의하라 ▲노래하며 기쁘게 일하라 ▲독서로 위인을 만나라.

이 10계명을 실천할 수 있다면 타인과의 관계는 늘 긍정적일 수밖에 없다. 한마디로 이 행동규범은 '관계의 질' 향상에 초점이 맞춰져 있다.

조직이 안정적으로 성장하고 변화하기 위해서는 이러한 토대를 만들어내는 경영자의 노력이 무엇보다 중요하다. 물론 꼭 사보나 편지, 릴레이, 행동규범 형식을 빌리지 않아도 상관없다. 서로가 서로에게 감사와 칭찬 같은 '긍정적인 피드백'을 늘 줄 수 있는 것이라면 무엇이든 상관없다. 이러한 사내 시스템이 조직원들 사이에 벌어지는 갈등의 확산성과 파괴력을 줄이고 관계의 질을 높임으로써 기업의 생명력에 큰 일조를 할 수 있을 것이다.

창의적 협업 과제로
성과 창출을 이끈다

―――――――

"애플의 핵심은 놀라울 정도로 상호 협력적인 회사라는 점이다.
애플에 위원회가 몇 개일 거라고 생각하는가? 하나도 없다.
우리는 지금 막 새로 시작하는 회사와 비슷하다.
우리는 지구에서 가장 큰 신생 회사이다.
우리는 매일 아침 만나서 3시간 동안 사업 전체에 대해서 이야기를 나눈다."

스티브 잡스(Steve Jobs, 애플 창업주)

경영자들은 성과 창출에 대한 강박에 끊임없이 시달린다. 올 한 해 성
과가 좋았다고 마음 놓을 수 없고, 설사 내년에 호황이 예상된다고 하
더라도 그다음을 준비해야 하는 것이 경영자의 숙명이다. 이러다보니
경영자들은 특정한 직원 평가 시스템을 통해 지속적으로 성과를 평가
하고, 이를 통해 직원들을 관리하고 동기 부여하길 원한다. 따라서 대
부분의 기업들은 상사가 시행하는 1차적 인사 평가에서 시작해, 때로
는 복잡하고 난이도 있는 방법으로 직원들을 평가하고 있다.

　그러나 문제는 이러한 평가 방식들이 경영자가 생각하는 것보다 실
효성이 떨어진다는 점이다. 그뿐만 아니라 심지어 부작용까지 생기기
때문에 과연 이것을 시행하는 것이 올바른가 하는 의문까지 드는 것

이 사실이다. 성과 창출을 이끌어낼 수 있는 직원 평가 방법으로는 어떤 것이 있을까?

없는 길을 만들어가는
용기와 도전의식

우선 상당히 많은 직원 평가 방법이 경영자의 원래 의도와 전혀 반대의 결과를 나타낸다는 점에 주목해야 한다. 예를 들어 직원들을 평가해 등급을 나누는 방법에 대해서 한번 생각해보자. 일반적으로 봤을 때, 높은 등급을 받은 직원들은 그 등급을 유지하기 위해서 더욱 많은 노력을 기울이고, 그렇지 않은 직원들은 높은 등급을 받기 위해 불철주야 노력할 것이라고 예상할 수 있다. 아마도 대부분의 경영자들이 이렇게 생각할 것이다. 그런데 실제 연구결과는 이것과 정반대로 나타났다.

와튼 경영대학원 이완 바란케이(Iwan Barankay) 교수가 연구, 발표한 논문에 따르면, 경영자들의 이런 생각은 '완전히' 잘못되었다고 해도 과언이 아니다. 실제로 높은 등급을 받은 직원이나 낮은 등급을 받은 직원 모두 의욕을 상실하는 결과를 낳는다는 이야기이다. 높은 등급

204

을 받은 직원들은 '나는 이미 높은 등급을 받았으니 많은 노력을 하지 않아도 지금 상태가 유지될 것이다'라고 생각하고, 반대로 낮은 등급을 받는 직원들은 '내가 노력한다고 등급이 얼마나 올라가겠어'라고 생각해 결국 포기한다는 의미이다. 이는 성적에 따라 등급이 매겨지는 학급의 상황과 비슷하다. 성적이 낮은 하위 등급의 아이들은 거의 포기한 상태로 학교를 다닌다. '성적이 낮다'는 그 자체만으로 열심히 공부하지 않는 것과 같은 이치이다.

그러나 문제는 여기서 그치지 않는다. 등급이 높은 직원들은 스스로가 유능하다고 인식해 더 좋은 직장을 찾아가는 반면, 등급이 낮은 직원들은 달리 갈 곳이 없어 계속 회사에 남게 된다. 결국 직원들에 대한 등급화는 잘하는 직원을 떠나보내고 실력이 부족한 직원만 회사에 남게 하는 최악의 인사평가제도인 것이다. 이는 경영자의 생각과 정반대일 뿐만 아니라 더 나아가 회사의 경쟁력을 악화시키는 요인이 된다.

특히 전 세계적인 추세 역시 이제 새로운 인사 평가, 성과 평가의 기준을 마련해야 한다는 것에 초점이 맞춰지고 있다. 미국 기업생산성연구소가 발표한 자료에 따르면, 그간 최고 기업으로 알려져왔던 마이크로소프트나 제너럴일렉트릭은 이러한 평가제도 자체를 이미 폐기해버렸다. 그것은 더 이상 세상의 변화에 맞지 않을뿐더러 효율적이지 않다고 판단했기 때문이다. 이러한 평가를 유지하는 회사들 가운데에서도 무려 70퍼센트 이상이 이 방법을 제고하고 있는 것으로 나타났다.

놀라운 사실은 제너럴일렉트릭의 경우이다. 사실 이렇게 등급을 매겨서 하위 10퍼센트의 인력을 퇴출시키는 방법은 제너럴일렉트릭에서 처음 시행해 다른 기업으로 확산된 것이다. 바로 그 기업이 이 제도를 폐지했다는 것은 꽤 의미심장한 일이 아닐 수 없다. 더구나 시장의 변화, 시대의 변화 역시 이러한 평가 제도를 더 이상 용인할 수 없는 상황이라고 해도 과언이 아니다.

과거의 기업 활동이란 '정해진 답'을 찾아나가는 과정이었다. 그 이유는 트렌드의 변화도 요동치지 않고, 소비자들의 변화도 빠르지 않았기 때문이다. 또한 지금과 같이 세계 경제 자체가 불황의 질곡으로 빠져들지도 않았다. 따라서 경영자들은 그리 어렵지 않게 세상과 소비자의 변화를 예측할 수 있었고, 그것을 위한 대단한 통찰력도 굳이 필요 없었다.

그렇지만 경영자들은 '길 없는 길'을 찾아가는 모험을 해야 한다. 이제까지 전혀 경험해보지 못했던 세상이 펼쳐지고, 낯선 가치들이 소비자들의 주목을 받으면서 경영자들은 혼란에 빠지기 시작했다. 어제의 공룡 기업이 오늘 무너지는 현상이 나타나면서 공포감까지 생겼던 것이다. 따라서 이제 '정해진 답'을 찾고, '원래 있던 길'을 걸어간다는 것 자체가 기업 쇠락의 징후가 될 수밖에 없다. 결국 이러한 난국을 타개하기 위해서는 직원들 스스로 창의적으로 변해야 하며, 과거에 없었던 가치를 찾아나가야만 한다.

이런 상황에서 과거에 행해지던 일방적인 성과 평가는 사실 아무런 의미가 없다. 기존 틀로는 평가조차 할 수 없었던 '괴짜 직원'이 있어야만 새로운 창조의 희망이 생기고, 딱딱하게 굳은 머리로는 도저히 상상도 못했던 문제 해결 방식을 찾아내는 직원들이 많아야만 기업의 경쟁력이 강화된다. 이러한 활동을 기존 인사 평가 방식으로 수용한다는 것 자체가 이미 불가능한 이야기에 다름 아니다.

혁신적 과제를 함께 해결하는 것이 진정한 성과다

네패스 역시 이러한 문제가 심각하다는 사실을 깨닫고 전혀 새로운 성과 평가 방식을 적용하기 시작했다. 활발한 소통에 기반하며 '길 없는 길'을 찾아갈 용기와 도전의식을 불러일으키는 새로운 형태의 협업 시스템, 그리고 성과 관리 제도가 필요해진 것이다. 그것은 바로 CoP(Collaboration Project) 제도이다. 이는 일반적인 혁신 활동에서 말하는 '실행공동체(Community of Practice)'의 개념에서 새롭게 정의를 내린 것이다.

이 성과 평가의 핵심은 바로 성과와 협업이 하나로 묶여 있다는 점이다. 즉 조직의 성과를 높이기 위해서는 협업을 기반으로 한 '문제 해결 공동체'가 만들어져야 하고, 이 공동체 안에서 주요 과제 선정 및 해결 능력 향상과 조직 간 협업 활성화를 통한 성과 창출을 목적으로 하고 있다. 이는 과거에 시행되었던 '개인별 평가'와 상당히 다른 부분이라고 할 수 있다. 성과 단위를 '개인'이 아닌 '공동체'로 바꾸었기 때문이다. 이는 곧 회사 내에서 홀로 잘 선다고 좋은 평가를 받는 것이 아니라, '남들과 함께하기'를 잘해야 좋은 평가를 받는다는 의미이다.

CoP 제도가 가지고 있는 또 하나의 특징은 일반적인 업적 평가와 달리 결과에 대한 평가뿐만 아니라 주도적 과정에 대해서도 평가받을 수 있다는 점이다. 예를 들어 성과가 없어서 과제 자체를 중도에 포기하는 경우에도 그 과정에 대한 점수를 인정받을 수 있다. 이는 곧 직원의 마음속으로 들어가려는 시도라고 할 수 있다. 과정 성과에 대한 평가는 겉으로 드러난 것에 대한 평가였다. 따라서 주어진 수치로만 확인되었을 뿐, 직원이 그것을 위해 얼마나 고심하고 열정을 가졌느냐는 완전히 배제되었다고 해도 과언이 아니다. 그렇지만 중도에 실패해 성과가 전혀 나지 않아도 그 과정을 평가하면 직원들이 가졌던 고심과 열정의 흔적들이 고스란히 드러난다.

　이러한 새로운 성과 평가 제도를 도입한 것은 '혁신적인 과제를 설정하고 그것을 해결해내는 것이야말로 진정한 성과이다'라는 것을 전제하고 있으며, 이 과정에서 직원들이 쏟아부은 노력과 땀을 그대로 온전히 평가에 반영하는 것을 목표로 하고 있다. 이 제도는 직원들의 도전정신을 최대한 배양시키는 것에 포커스를 맞추고 있다. 누구나 할 수 있는 업무를 누구나 하는 업무 방식으로 해서는 CoP에서 높은 점수를 받을 수 없다. 특히 그러한 업무들은 회사를 성장시키지도 않을뿐더러 평가한다는 것 자체도 무의미하다고 할 수 있다.

　따라서 우리는 '새로운 답을 모색해야 하는 과제 설정' 자체가 매우 중요하다고 생각했다. 바로 이것이 혁신과 성과 창출의 시작이며 주도적으로 문제를 해결할 수 있는 체질 개선 방법으로 본 것이다.

　그러면 보다 구체적으로 과제가 어떻게 설정되고, 어떻게 해결되는지 살펴보면 보다 이해가 빠를 것이다. 예를 들어 디스플레이를 깎는 공정에서 '과식각(etching)'의 문제가 발생했다. 식각이란 화학 용액이나 가스를 이용해 실리콘 웨이퍼상 필요한 부분만 남겨놓고 나머지

물질을 제거하는 것을 말한다. 그렇지만 이것이 지나치다보니 제품의 질이 향상되지 않는 일이 발생했다. 이러한 문제를 포착한 디스플레이 사업부에서는 EM 사업부와 기술원에 '새로운 식각 방법론'에 대해 개발하자는 과제를 제기했고, 유기소재 그룹의 한 부장을 중심으로 CoP 팀이 꾸려졌다.

이렇게 결성된 팀은 문제 해결을 위한 다양한 방법을 찾기 시작했다. 기술원 논문을 뒤져 문제점을 찾아내거나 문제 해결을 위한 새로운 화학물질을 찾아내, 이 문제를 직접 기술에 적용시키기 위해 EM 사업부에서는 테스트를 진행했다. 이 과정을 여러 번 반복해 마침내 경쟁사의 기술을 압도하는 새로운 기술을 개발했다. 그 결과 매년 20억 원 넘는 금액을 절감했고, 고객에게는 더 만족스러운 제품을 안겨주는 일거양득 효과를 올렸다.

최적의 시스템은
구성원의 열정이다

이러한 CoP 과정의 본질적 요소를 자세히 살펴보면 이것이 어느 정도 유용한지 알 수 있다. '도전적 과제 제기 – 팀 결성 – 테스트를 통한 기술 완성 – 회사 경쟁력 향상 – 성과 평가에서 높은 점수'로 이어지는 프로세스는 직원들의 자발성을 전제로 한다.

우선 이렇게 혁신적인 과제를 제시하는 것 자체가 자기 업무 분야에 대한 자부심과 성과를 염두에 두지 않으면 불가능하다. CoP 과제 제기에서부터 직원은 충만한 애사심을 가지고 있다는 것이다. 나아가 이에 호응하는 팀이 생겨남으로써 문제 해결을 위한 정신을 가슴에 품고 일을 시작하게 된다. 상사가 일방적으로 지시하거나 경영자가 시켜서 억지로 하는 것이 아니라 스스로 장인 정신을 가지게 된다는 점이다. 그리고 이것은 곧 기업의 경쟁력은 물론 자신의 인사 평가에도 영향을 미친다. 결국 이 하나의 사이클이 곧 도전과 혁신을 위한 최적의 시스템이 되어주는 것이다.

이러한 방법은 중견기업이나 중소기업들도 얼마든지 활용할 수 있다. 특히 각자의 업종과 시스템에 맞게 도전과제를 제대로 설정하고 협업을 통해 그것을 해결해나가면 조직원 전체에 '우리는 공동체다'라는 인식을 심어주는 것은 물론, '서로 협조해야만 높은 점수를 받을 수 있다'는 믿음을 줄 수 있기 때문에 사내 문화 개선에도 큰 역할을 할 것이다.

감사의 채찍, 그래티튜드는 도전이다

세상의 모든 변화는 '특별한 자극'에서부터 시작된다. 과거와 다른 상
태로 거듭나기 위해서는 외부의 충격, 반대, 위기 등의 계기가 절대적
으로 필요하다는 이야기이다. '위기가 기회다'라는 말 역시 이러한 맥
락에 다름 아니다. 위기 순간은 곧 기존의 안전하고 평화로웠던 상황
을 깨뜨리는 외부적 자극이 가해지는 순간이고, 바로 여기에서 변화
를 위한 새로운 기폭제가 탄생한다. 물론 좌절이나 실패를 할 수도 있
지만 이를 잘 활용하면 그것이 바로 '기회'가 될 수 있다.

그래티튜드 경영에 대한 가장 큰 오해 중 하나는 '직원이 실수해도
감사해야 하고, 적자가 나도 감사해야 하느냐'는 점이다. 이것은 '그래
티튜드'의 본질적인 의미를 잘 모르기 때문에 생겨난 오해이다.

실수와 적자 그 자체에 대해 감사하라는 뜻이 아니라, 그것

들을 통해서 지금까지 놓치고 있었거나 미처 깨닫지 못했던 점들을 깨닫게 하는 동기가 되어 그것이 새로운 성장을 열어주는 기회가 되었다는 점에서 실수와 적자에 대해 감사하라는 것이다.

우리가 진짜로 감사해야 할 것은 실수나 적자 그 자체가 아니라, 그것을 극복하기 위한 도전정신과 복원력이 생겨난다는 점이다.

워런 버핏은 왜 금융위기가 시작되자 투자를 했을까

세계 최고 부자이자 지혜로운 투자자로 알려진 워런 버핏은 2008년 금융위기를 기점으로 아주 특이한 행동을 하나 보여주었다. 그는 금융위기 이전, 그러니까 특별한 위기 징후가 보이지 않았고 평화로워 보이는 시기에는 투자를 상당히 주저했다. 그런데 금융위기가 시작되자 일반 투자자와 전혀 다른 패턴을 보이기 시작했다. 골드만삭스에 50억 달러, GE에 30억 달러를 투자한 데 이어 중국 BYD의 지분 10퍼센트를 인수했다. 모두들 '금융위기'라는 말에 투자를 최대한 줄이고 오히려 가지고 있던 지분을 파는 상황인데 그는 전혀 다른 행보를 보였던 것이다.

한마디로 워런 버핏은 외부의 자극과 충격이 가져다줄 전혀 새로운 변화의 기운을 엿보았던 것이다. 보통 사람들이 두려움을 느끼고 있을 때, 그는 그 두려움 속에서 새롭게 만들어지는 기회를 파악하고, 그것을 위해 과감한 투자를 단행했던 것이다.

기업의 경영자들도 마찬가지 자세를 가져야 한다. 매출이 떨어지고 적자가 나는 위기 상황이 펼쳐지면 경영자들은 대부분 움츠러들기 마련이다. 그러나 진짜 주목해야 할 것은 현상이 아니라 그 배후에 있는 변화의 흐름과 그것이 가져올 또 다른 기회이다. 직원이 실수를 해도 감사하고 기업에 적자가 나도 감사하는 진짜 이유는 바로 여기에 있다. 그것은 새로운 도전을 위한 계기를 주고 이제까지 안주해왔던 모습에서 탈피해 도약할 수 있는 발판이 되기 때문이다.

인류의 역사에서도 역경은 늘 비슷한 역할을 해왔다. 세계 최고 전사로서 이름을 드높였던 스파르타 전사들은 '아고게(Agoge)'라는 역경 프로그램을 가지고 있다. '최고의 전사'라는 명예가 수여되기 전에 냉혹한 광야에서 생존해야만 모두들 명예롭게 생각하는 '스파르탄'이라는 호칭을 부여했다.

한때 전 세계를 정복했던 기마 민족 몽골의 청년들은 말을 타고 왕

복 80킬로미터의 눈보라를 횡단하는 성인식을 거쳐야만 한다. 이를 통해 낙마와 동상을 극복하고 생존해야 비로소 '몽골족의 성인'이라고 인정받는다. 그들이 그 과정에서 겪는 죽음의 위기와 고통은 감사해야 하는 것일까, 감사하지 말아야 하는 것일까? 죽음의 위기를 넘나드는 그 고통을 '고맙다'며 감사할 것은 아니지만, 그 전체적인 과정이 변화와 도약의 계기가 된다는 점에서는 분명 감사할 일이다.

미국에서 목재업과 부동산 사업으로 억만장자가 된 티머시 블릭세스(Timothy Blixseth)는 블릭세스 그룹의 창립자이자 옐로스톤 클럽의 공동 창립자이기도 하다. 그는 어릴 때부터 무척 가난했을 뿐만 아니라 정규 학력이 없다. 생활보호 대상자로 선정될 정도여서 학교에 갈 경제적 여유가 없었던 것이다. 그는 훗날 자신의 성공을 '역경' 때문이라고 말했다.

"가르쳐주는 사람이 아무도 없어서 스스로 배우고 익히고 일해야 했습니다. 일하면서 배운 거죠. 그러니 실수와 역경이 많았습니다. 그래서 저는 '역경대학 출신'이라고 말합니다."

마찬가지로 그가 생활보호 대상자가 된 것을 '고맙다'고 말할 수는 없지만, 그것을 통해서 단단한 성장을 이룬 것은 분명 감사해야 할 일이다.

그래티튜드 경영은
도전의 경영이다

기업 경영에서는 이를 '복원력(resilience)'이라고 부른다. '역경 속에서 스스로의 능력을 다시 창조함으로써 재도약을 이뤄내는 능력'을 말한다. 그리고 이러한 복원력은 단순히 주어진 위기를 극복하는 것을 넘어 기업이 자체적으로 갖춰야 할 필수적인 역량이다. 런던 비즈니스 스쿨의 게리 하멜(Gary Hamel) 객원 교수는 『하버드 비즈니스 리뷰』에 발표한 '복원력 탐구'라는 글에서 이렇게 말했다.

"전략적 복원력은 한 번의 위기에 대응하거나 한 번의 실패를 극복하는 것이 아니다. 그것은 지속적으로 기업의 핵심 사업에 해를 입힐 만한 심각한 세상의 트렌드를 예상하고 이에 적응해나가는 것이다."

복원력이 강한 기업들은 늘 위기와 좌절이 닥치면 기업의 방향을 선회해 새로운 기업으로 재탄생해왔다. IBM은 세계 컴퓨터 하드웨어 분야에서 강자였지만 시장이 포화 상태에 이르자 재빠르게 솔루션업체로 거듭나 오늘날에도 건재하다. 아마존은 온라인 서점으로 성공의 발판을 닦았지만 IT 버블로 인해 위기에 처하자 킨들 e북 하드웨어를 만들면서 종합 소프트웨어 회사이자 IT 회사로 거듭났다. 이처럼 회복력이 강한 기업들은 늘 새로운 기회를 받아들여 자신을 재탄생시키는 길을 걸어왔다.

경영은 두려움과의 싸움이다. 언제 닥칠지 모르고 어떤 형태로 올
지도 모르는 두려움은 공포에 가깝다. 그러나 중요한 것은 그것을 이
겨내는 복원력과 또 다른 길이 열릴 수 있다는 희망의 정신이다. 그래
서 이러한 두려움과 위기에 감사하는 그래티튜드 경영은 그 자체로
청년의 패기를 간직한 도전의 경영이라고 할 수 있다.

민들레

Dandelion 頭狀花

네패스 핵심 가치 '감사'의 상징

민들레는 한국, 중국, 일본 등지에 분포하는 여러해살이풀로, 꽃말은 '감사의 마음'입니다.

꽃말의 배경은 다음과 같은 전설에서 비롯되었습니다. 옛날 노아의 대홍수 때 온 천지에 물이 차오르자 모두들 도망을 갔는데 민들레만은 발이 빠지지 않아 도망을 못 갔습니다. 사나운 물결이 목까지 차오자 민들레는 두려움에 떨다가 그만 머리가 하얗게 세어버렸습니다. 민들레는 마지막으로 구원의 기도를 했는데, 하나님이 가엾게 여겨 그 씨앗을 바람에 날려 멀리 산 중턱 양지바른 곳에 피어나게 해주었습니다. 민들레는 하나님의 은혜에 감사하며 오늘까지도 얼굴을 들어 하늘을 우러러보며 살게 되었다고 합니다.

n가족들도 민들레처럼 감사의 마음을 널리널리 전하기를 바라며, 감사를 상징하는 꽃 '민들레'를 네패스의 꽃으로 선정하였습니다.

네패스의 꽃
"민들레"

nepes corporation

네패스의 모든 활동과 제품에는 감사가 담겨 있다	감사하는 마음	열악한 환경 속에서도 불평 한마디 없이 꽃을 피워낸다
네패스 사명은 히브리어 네패쉬(=영원한 생명)에서 유래했다	영원한 생명력	겨울에 잎이 말라 죽어도 뿌리는 살아 있어 생명이 영속한다
1990년 창립 이래 제품 차별화와 다양화를 통해 꾸준히 성장해왔다	강인한 생존력	어떤 환경에도 살아가며 뿌리가 잘려도 새싹이 돋는다
남이 하지 않는 것, 어려워하는 것에 도전하여 사업화하고 있다	전략적 경쟁력	다른 식물이 자라지 않은 이른 봄에 꽃을 피운다
반도체 사업을 중심으로 핵심 기술을 발전시켜 사업을 확장하고 있다	다양한 영향력	위장 질환 개선, 염증 제거, 이뇨 작용, 항산화 효과에 최고다
국내 6개의 계열사와 해외 6개의 공장, 연구소, 영업망을 두고 있다	강인한 번식력	자신의 힘으로 바람을 타고 멀리까지 날아가 꽃을 피운다
고객이 목말라하는 부분을 사업화하여 고객 가치를 창조한다	투철한 사명감	작은 꽃들이 모여 하나의 꽃다발로 꽃이 많아 벌을 불러들인다